誠信高等学校

〈収録内容〉

■ 2024年度入試の問題・解答解説・解答用紙・「合否の鍵はこの問題だ!!」、2024年度入試受験用の「出題傾向の分析と合格への対策」は、弊社HP の商品ページにて公開いたします。
■ 平成30年度は、弊社ホームページで公開しております。
本ページの下方に掲載しておりますQRコードよりアクセスし、データをダウンロードしてご利用ください。

2024 年度 ……………………2024 年 10 月 弊社 HP にて公開予定
※著作権上の都合により、掲載できない内容が生じることがあります。

2023 年度 ……………………………………一般（数・英・国）

2022 年度 ……………………………………一般（数・英・国）
※国語の大問一は、問題に使用された作品の著作権者が二次使用の許可を出していないため、問題を掲載しておりません。

2021 年度 ……………………………………一般（数・英・国）

2020 年度 ……………………………………一般（数・英・

2019 年度 ……………………………………一般（

平成 30 年度 ……………………………………一般（

解答用紙データ配信ページへスマホでアクセス！ ⇒

※データのダウンロードは 2024 年 3 月末日まで。
※データへのアクセスには、右記のパスワードの入力が必要となります。 ⇒ 243957

〈合格最低点〉

※学校からの合格最低点の発表はありません。

本書の特長

実戦力がつく入試過去問題集

▶ 問題 …………… 実際の入試問題を見やすく再編集。
▶ 解答用紙 …… 実戦対応仕様で収録。
▶ 解答解説 …… 詳しくわかりやすい解説には、難易度の目安がわかる「基本・重要・やや難」の分類マーク つき（下記参照）。各科末尾には合格へと導く「ワンポイントアドバイス」を配置。採点に便利な配点つき。

入試に役立つ分類マーク

基本 確実な得点源！
受験生の90%以上が正解できるような基礎的、かつ平易な問題。
何度もくり返して学習し、ケアレスミスも防げるようにしておこう。

重要 受験生なら何としても正解したい！
入試では典型的な問題で、長年にわたり、多くの学校でよく出題される問題。
各単元の内容理解を深めるのにも役立てよう。

やや難 これが解ければ合格に近づく！
受験生にとっては、かなり手ごたえのある問題。
合格者の正解率が低い場合もあるので、あきらめずにじっくりと取り組んでみよう。

合格への対策、実力錬成のための内容が充実

▶ 各科目の出題傾向の分析、合否を分けた問題の確認で、入試対策を強化！
▶ その他、学校紹介、過去問の効果的な使い方など、学習意欲を高める要素が満載！

解答用紙ダウンロード 解答用紙はプリントアウトしてご利用いただけます。弊社ＨＰの商品詳細ページよりダウンロードしてください。トビラのＱＲコードからアクセス可。

UD FONT 見やすく読みまちがえにくいユニバーサルデザインフォントを採用しています。

誠信高等学校

▶ 交通　名鉄「扶桑駅」下車自転車 10 分 (徒歩 25 分),
「柏森駅」下車自転車 10 分 (徒歩 25 分)

〒 480-0104　愛知県丹羽郡扶桑町大字斉藤字本新須 1
☎0587-93-5380

建学の精神

「人こそすべて」

世の中でいちばん尊いものは人であり、その魂である。

校　訓

誠実・努力・創造

教育目標

1　知育・徳育・体育の三つの調和のとれた教育を目指し，心を磨き豊かな人間性を育む。

2　生徒と真剣に向き合い，一人ひとりの個性や能力に合ったきめ細かい指導を行う。

3　部活動・奉仕活動などを通じ，忍耐力，思いやりの心を育む。

4　基本的な生活習慣を身につけ，自主，自律の精神を養う。

5　情報社会に対応できる基礎学力と情報技術を高める。

教育課程

様々な進路や職業を身近に捉え，深い知識を持って進路選択に臨めるように専門家を招いた参加体験型講座をはじめ，進路指導について様々な取り組みを行っている。

1年次には基本を丁寧に指導し，学び直しにも十分に時間を割くことで基礎学力を定着させる。そして，2年生からは特色が大きく分かれる以下の4つのコースから選択する。

●普通コース

大学，短大，専門学校の進路選択が自在にできるようにきめ細かなカリキュラム編成で丁寧な指導を展開。一人ひとりの希望進路実現に向けて，国数英といった主要科目を中心に総合的な学力を育む。2014年度より，特進クラスを新設した。

●情報コース

広範囲な情報技術と知識の習得を目的として，現在の情報化社会に対応できる能力を育成。全商主催簿記実務検定，日本情報処理協会主催日本語ワープロ検定などの資格試験全員合格を目指すとともに，マルチメディア，HP作成等も学ぶ。

●スポーツコース

学力養成とともに，多彩なスポーツを経験できるカリキュラム編成により総合的な運動能力の向上を目指すコース。様々なレクリエーション種目を学び地域のスポーツ振興に寄与できる人材を育成する。

●生活芸術コース

家庭科と芸術科を融合させたカリキュラム，実技を中心とした指導により創造力や表現力を養い，総合的な芸術センスを磨く。卒業後は芸術関連や調理関連などへの道が開かれている。

部活動

女子バレーボール部／第73回全日本バレーボール高等学校選手権大会　ベスト８

●体育系

硬式野球（男），ハンドボール（男），サッカー（男），弓道，バスケットボール，卓球，ソフトテニス，ラグビー（男），剣道，陸上競技，バドミントン，バレーボール，柔道

●文化系

演劇，合唱，囲碁･将棋，吹奏楽，ボランティア，学習，ＩＴメディア，アート，ボディメイク，ＤＩＹ，テーブルゲーム

年間行事

４月／入学式，進路説明会
５月／スポーツ大会（２･３年），学習合宿（１年）
６月／修学旅行（３年），球技大会（１年），校外学習（２年），社会奉仕（２年），禅に学ぶ（１年）
８月／夏期学力向上講座
10月／体育祭，私学美術展
11月／インターシップ（２年），誠風祭
12月／30Km踏破（２年）
１月／献血（２･３年），持久走大会（１年）
２月／予餞会
３月／社会奉仕（１年）

進　路

●主な進学先

愛知教育大学，岐阜大学，愛知県立大学，福井県立大学，南山大学，中央大学，駒澤大学，千葉工業大学，帝京科学大学，同志社女子大学，愛知大学，愛知学院大学，愛知淑徳大学，愛知東邦大学，愛知文教大学，愛知みずほ大学，岐阜協立大学，金城学院大学，至学館大学，椙山女学園大学，鈴鹿医療科学大学，星城大学，大同大学，中京大学，中部大学，東海学園大学，名古屋学院大学，名古屋経済大学，名古屋芸術大学，名古屋産業大学，名古屋商科大学，名古屋文理大学，名古屋造形大学，日本福祉大学，浜松学院大学，名城大学，桜美林大学，人間環境大学，中部学院大学，中日本自動車短期大学，愛知美容専門学校，中和医療専門学校，東海工業専門学校金山校，名古屋情報メディア専門学校，トヨタ名古屋自動車大学校，中日本航空専門学校，名古屋医健スポーツ専門学校，名古屋医療情報専門学校，名古屋観光専門学校，名古屋工学院専門学校，名古屋製菓専門学校，中部美容専門学校，名古屋平成看護医療専門学校　他

●主な就職先

パナソニック，トヨタ自動車(株)，(株)青山製作所，東名化学工業(株)，エリエールテクセル(株)，(株)名鉄百貨店，愛知県厚生農業協同組合連合会江南厚生病院，(株)稲葉製作所犬山工場，フジパン(株)，山崎製パン(株)，オオサキメディカル(株)岩倉工場，兼房(株)，(株)シキボウ江南，大日本塗料(株)小牧工場，菊水化学工業(株)，(株)パロマ，東洋紡(株)犬山工場，リンナイ精機(株)，新日本ファスナー(株)，兵庫県警，自衛隊　他

◎2023年度入試状況◎

学　科	普　通
募　集　数	281
応 募 者 数	1076
受 験 者 数	1069

過去問の効果的な使い方

① **はじめに**　入学試験対策に的を絞った学習をする場合に効果的に活用したいのが「過去問」です。なぜならば，志望校別の出題傾向や出題構成，出題数などを知ることによって学習計画が立てやすくなるからです。入学試験に合格するという目的を達成するためには，各教科ともに「何を」「いつまでに」やるかを決めて計画的に学習することが必要です。目標を定めて効率よく学習を進めるために過去問を大いに活用してください。また，塾に通われていたり，家庭教師のもとで学習されていたりする場合は，それぞれのカリキュラムによって，どの段階で，どのように過去問を活用するのかが異なるので，その先生方の指示にしたがって「過去問」を活用してください。

② **目的**　過去問学習の目的は，言うまでもなく，志望校に合格することです。どのような分野の問題が出題されているか，どのレベルか，出題の数は多めか，といった概要をまず把握し，それを基に学習計画を立ててください。また，近年の出題傾向を把握することによって，入学試験に対する自分なりの感触をつかむこともできます。

　過去問に取り組むことで，実際の試験をイメージすることもできます。制限時間内にどの程度までできるか，今の段階でどのくらいの得点を得られるかということも確かめられます。それによって必要な学習量も見えてきますし，過去問に取り組む体験は試験当日の緊張を和らげることにも役立つでしょう。

③ **開始時期**　過去問への取り組みは，全分野の学習に目安のつく時期，つまり，9月以降に始めるのが一般的です。しかし，全体的な傾向をつかみたい場合や，学習進度が早くて，夏前におおよその学習を終えている場合には，7月，8月頃から始めてもかまいません。もちろん，受験間際に模擬テストのつもりでやってみるのもよいでしょう。ただ，どの時期に行うにせよ，取り組むときには，集中的に徹底して取り組むようにしましょう。

④ **活用法**　各年度の入試問題を全問マスターしようと思う必要はありません。できる限り多くの問題にあたって自信をつけることは必要ですが，重要なのは，志望校に合格するためには，どの問題が解けなければいけないのかを知ることです。問題を制限時間内にやってみる。解答で答え合わせをしてみる。間違えたりできなかったりしたところについては，解説をじっくり読んでみる。そうすることによって，本校の入試問題に取り組むことが今の自分にとって適当かどうかが，はっきりします。出題傾向を研究し，合否のポイントとなる重要な部分を見極めて，入学試験に必要な力を効率よく身につけてください。

数学

各都道府県の公立高校の入学試験問題は，中学数学のすべての分野から幅広く出題されます。内容的にも，基本的・典型的なものから思考力・応用力を必要とするものまでバランスよく構成されています。私立・国立高校では，中学数学のすべての分野から出題されることには変わりはありませんが，出題形式，難易度などに差があり，また，年度によっての出題分野の偏りもあります。公立高校を含め，ほとんどの学校で，前半は広い範囲からの基本的な小問群，後半はあるテーマに沿っての数問の小問を集めた大問という形での出題となっています。

まずは，単年度の問題を制限時間内にやってみてください。その後で，解答の答え合わせ，解説での研究に時間をかけて取り組んでください。前半の小問群，後半の大問の一部を合わせて50%以上の正解が得られそうなら多年度のものにも順次挑戦してみるとよいでしょう。

英語

英語の志望校対策としては，まず志望校の出題形式をしっかり把握しておくことが重要です。英語の問題は，大きく分けて，リスニング，発音・アクセント，文法，読解，英作文の5種類に分けられます。リスニング問題の有無(出題されるならば，どのような形式で出題されるか)，発音・アクセント問題の形式，文法問題の形式(語句補充，語句整序，正誤問題など)，英作文の有無(出題されるならば，和文英訳か，条件作文か，自由作文か）など，細かく具体的につかみましょう。読解問題では，物語文，エッセイ，論理的な文章，会話文などのジャンルのほかに，文章の長さも知っておきましょう。また，読解問題でも，文法を問う問題が多いか，内容を問う問題が多く出題されるか，といった傾向をおさえておくことも重要です。志望校で出題される問題の形式に慣れておけば，本番ですんなり問題に対応することができますし，読解問題で出題される文章の内容や量をつかんでおけば，読解問題対策の勉強として，どのような読解問題を多くこなせばよいかの指針になります。

最後に，英語の入試問題では，なんと言っても読解問題でどれだけ得点できるかが最大のポイントとなります。初めて見る長い文章をすらすらと読み解くのはたいへんなことですが，そのような力を身につけるには，リスニングも含めて，総合的に英語に慣れていくことが必要です。「急がば回れ」ということわざの通り，志望校対策を進める一方で，英語という言語の基本的な学習を地道に続けることも忘れないでください。

国語

国語は，出題文の種類，解答形式をまず確認しましょう。論理的な文章と文学的な文章のどちらが中心となっているか，あるいは，どちらも同じ比重で出題されているか，韻文(和歌・短歌・俳句・詩・漢詩)は出題されているか，独立問題として古文の出題はあるか，といった，文章の種類を確認し，学習の方向性を決めましょう。また，解答形式は，記号選択のみか，記述解答はどの程度あるか，記述は書き抜き程度か，要約や説明はあるか，といった点を確認し，記述力重視の傾向にある場合は，文章力に磨きをかけることを意識するとよいでしょう。さらに，知識問題はどの程度出題されているか，語句(ことわざ・慣用句など)，文法，文学史など，特に出題頻度の高い分野はないか，といったことを確認しましょう。出題頻度の高い分野については，集中的に学習することが必要です。読解問題の出題傾向については，脱語補充問題が多い，書き抜きで解答する言い換えの問題が多い，自分の言葉で説明する問題が多い，選択肢がよく練られている，といった傾向を把握したうえで，これらを意識して取り組むと解答力を高めることができます。「漢字」「語句・文法」「文学史」「現代文の読解問題」「古文」「韻文」と，出題ジャンルを分類して取り組むとよいでしょう。毎年出題されているジャンルがあるとわかった場合は，必ず正解できる力をつけられるよう意識して取り組み，得点力を高めましょう。

数学 出題傾向の分析と合格への対策

●出題傾向と内容

本年度も昨年度と同様に，大問3題，小問にして18題でやや少なめの問題数であった。

出題内容は，①は数・式の計算，平方根，因数分解，二次方程式，関数，数の性質などの小問群が9問。②は確率，図形と関数・グラフの融合問題，方程式の利用の問題。③は相似の証明，空間図形であった。

基本から標準レベルの問題が，あらゆる分野からまんべんなく出題されている。

学習のポイント

教科書の基礎事項の学習に力を入れ，標準レベルの問題は，どの単元に関しても解けるようにしておこう。

●2024年度の予想と対策

来年度も，出題数に多少の変化はあるかもしれないが，難易度にそれほど大きな変化はなく，全体的に標準的な問題を中心とした出題になると思われる。広い分野からの出題になるので，まんべんなく力をつけておく必要がある。

特に，2乗に比例する関数の問題が，図形との融合問題として出題される可能性は大きいので，しっかり勉強しておこう。

標準レベルまでの問題集を利用して，基本的な解法が定着するまで演習したあと，本校の過去問に取り組み，出題傾向をつかんでおくとよいだろう。

▼年度別出題内容分類表 ……

出題内容			2019年	2020年	2021年	2022年	2023年
数と式		数の性質	○	○	○	○	○
		数・式の計算	○	○	○	○	○
		因数分解	○	○	○	○	○
		平方根	○	○	○	○	○
方程式・不等式		一次方程式		○	○	○	
		二次方程式	○	○	○		○
		不等式					
		方程式・不等式の応用		○	○	○	○
関数		一次関数	○	○	○	○	○
		二乗に比例する関数		○	○	○	○
		比例関数					○
		関数とグラフ	○	○	○	○	○
		グラフの作成					
図形	平面図形	角度	○	○	○	○	○
		合同・相似	○	○	○	○	○
		三平方の定理		○			
		円の性質	○	○		○	○
	空間図形	合同・相似					
		三平方の定理					○
		切断	○				
	計量	長さ	○	○		○	○
		面積	○	○	○		○
		体積	○	○		○	○
		証明	○	○	○	○	○
		作図					
		動点					
統計		場合の数					
		確率	○	○	○	○	○
		統計・標本調査			○		
融合問題		図形と関数・グラフ	○	○	○	○	○
		図形と確率					○
		関数・グラフと確率			○		
		その他					
その他							

誠信高等学校

英語 出題傾向の分析と合格への対策

●出題傾向と内容

本年度は，長文読解問題，会話文問題2題，語句整序問題の計4題の出題であった。

長文読解問題と会話文問題は，文法問題も内容吟味も含む総合問題である。長文問題は，本文の後に注が多くつけられているので，それを活用しながら読み進めれば内容はつかめるレベルである。会話文問題のもう1題は文法中心の問題である。

語句整序問題も，内容は標準的である。文法・語彙などの基礎知識を広範囲にわたって確実に使いこなす力が求められている。

記述式の解答を求める問題も多いので，答を書くときには注意力が必要だ。

✔学習のポイント

基礎的な文法・語彙などの知識を固めることに加えて，実際の文の中で，それらを活用する力を身につけよう。

●2024年度の予想と対策

来年度も本年度とほぼ同じ傾向が続くと予想される。

長文読解問題は必ず出題される。その内容も多岐にわたることが予想されるので，なるべく多くの英文に触れておくことが大切である。また，動詞の語形変化や接続詞などの補充問題は頻出であるので，正しく身につけておくことが必要である。

会話文問題は，直訳では内容がつかみにくい，会話表現を学んでおくことが重要である。前年度とは問題数，形式とも多少の変更はあったが，語句整序問題などの文法問題は，問題集を使うなどして練習しておくようにしよう。

▼年度別出題内容分類表 ……

	出題内容	2019年	2020年	2021年	2022年	2023年
話し方・聞き方	単語の発音					
	アクセント					
	くぎり・強勢・抑揚					
	聞き取り・書き取り					
語い	単語・熟語・慣用句	○	○			
	同意語・反意語					
	同音異義語					
読解	英文和訳(記述・選択)					
	内容吟味	○	○	○	○	○
	要旨把握	○	○			
	語句解釈					
	語句補充・選択	○	○	○	○	○
	段落・文整序					
	指示語	○	○	○		
	会話文	○	○	○	○	○
文法・作文	和文英訳					
	語句補充・選択					
	語句整序	○	○	○	○	○
	正誤問題					
	言い換え・書き換え					
	英問英答			○		
	自由・条件英作文					
文法事項	間接疑問文			○		
	進行形				○	
	助動詞		○	○		
	付加疑問文					
	感嘆文					
	不定詞	○	○		○	○
	分詞・動名詞	○	○	○		
	比較	○	○			
	受動態	○		○		○
	現在完了	○	○	○	○	○
	前置詞		○			
	接続詞	○	○	○	○	
	関係代名詞	○	○		○	○

誠信高等学校

国語

出題傾向の分析と 合格への対策

●出題傾向と内容

本年度は現代文2題，漢字の独立問題1題，古文1題の計4題の大問構成であった。

小説では情景や心情などを中心とした読解問題が出題された。

論説文では，要旨をとらえるとともに内容の的確な読み取りが要求されている。

いずれの現代文も内容・長さは標準的なので，丁寧に読み取って確実に答えていきたい。語句の意味などの知識分野も含まれる形で出題されている。

古文は内容読解に比重が置かれているので，内容をしっかり捉えておきたい。

解答は漢字以外は記号選択式と抜き出し式である。

学習のポイント

漢字・語句・文法などの基本的知識を身につけるチャンスは日々の生活の中にある。わからないことはすぐに意味を調べること。

●2024年度の予想と対策

今後も，現代文が2題，古文が1題，漢字の独立問題という構成になると思われる。

論理的文章では，接続語や指示語に注意して文脈を把握したうえで，筆者の考えを正確に読み取ることが大切である。

随筆や小説などの文学的文章では，人物や情景の描写を手がかりにして，心情を読み取ることに留意したい。古文については，教科書や資料集を活用して知識事項の理解を深め，有名な文章や俳句，和歌にも触れておこう。

▼年度別出題内容分類表 ……

出題内容			2019年	2020年	2021年	2022年	2023年
内容の分類	読解	主題・表題					
		大意・要旨					
		情景・心情	○		○	○	○
		内容吟味	○	○	○	○	○
		文脈把握	○	○	○	○	○
		段落・文章構成					
		指示語の問題	○	○	○	○	○
		接続語の問題	○	○	○	○	○
		脱文・脱語補充	○	○	○	○	○
	漢字・語句	漢字の読み書き	○	○		○	
		筆順・画数・部首					
		語句の意味		○			○
		同義語・対義語				○	
		熟語	○	○			○
		ことわざ・慣用句	○				
	表現	短文作成					
		作文(自由・課題)					
		その他					
	文法	文と文節		○			
		品詞・用法				○	○
		仮名遣い				○	
		敬語・その他					
	古文の口語訳				○		
	表現技法			○	○	○	○
	文学史				○	○	○
問題文の種類	散文	論説文・説明文	○	○	○	○	○
		記録文・報告文					
		小説・物語・伝記	○		○	○	○
		随筆・紀行・日記		○			
	韻文	詩					
		和歌(短歌)			○		
		俳句・川柳					
	古文		○	○	○	○	○
	漢文・漢詩						

誠信高等学校

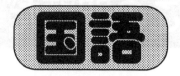

2023年度 合否の鍵はこの問題だ!!

数 学 2 (1), 3 (2)

2(1)は方程式の応用問題なので苦手とする受験生も多いと思うが，表にまとめると右のようになる。時間についての方程式をつくることができればよいので，$\frac{3000-x}{50}+\frac{x}{140}=42$

両辺を700倍して，$14(3000-x)+5x=29400$

$42000-14x+5x=29400$　　$-9x=-12600$

$x=1400$(m)

	歩き	走り	合計
道のり	$3000-x$(m)	x(m)	3000(m)
速さ	毎分50(m)	毎分140(m)	―
時間	$\frac{3000-x}{50}$(分)	$\frac{x}{140}$(分)	42(分)

3(2)は側面のおうぎ形の展開図を描くと右図のようになる。

△OAA′において，三平方の定理より，1：1：$\sqrt{2}$ が成り立つから，求める長さは$6\sqrt{2}$ cm

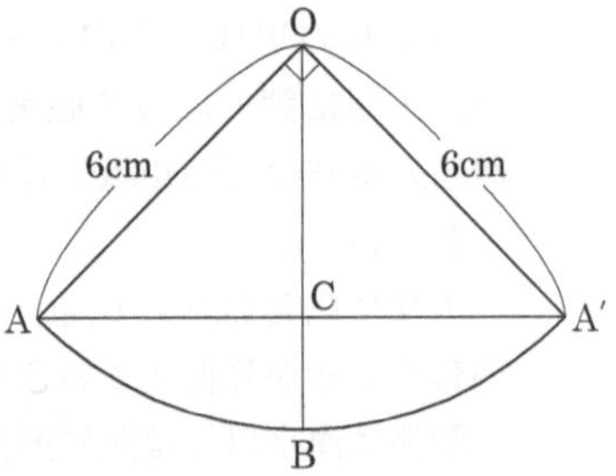

国 語 一 (六)

★　合否を分けるポイント

この文章に書かれている内容として正しいものを選ぶ選択問題である。筆者が用いている語句の意味を正確にとらえ，筆者が述べていることを的確に読み取れているかがポイントだ。

★　キーワードの意味を的確にとらえる

「拘る」という言葉について，本当は悪い意味で使われていたが，ある時期から，良い意味で響く言葉として広まった→このような言葉の意味の転換の例として，「ヤバイ」や「オタク」も，悪いイメージや暗いイメージから良いイメージや明るいイメージに変化している→社会的には，貧しい時代には仕事や共通の利益を第一に考えて「拘るな」と注意や指導を受けたが，ある程度豊かになったことで，個人の自由を許容する社会になってきたといえる→「伝統」という言葉も類似していて，優先的に大切に守るべきものとなったが，極端すぎるのではないかとも感じている→「伝統」という言葉にひれ伏している感じにも捉えられるのと同様に，「拘る」ことがあまりにも美化されすぎている→「拘る」がこれほど良いイメージになったのは，画一的なものから多様なもの，個性的なものへ目を向けるようになったためである→それぞれが自分の好きなものに拘るという意味では画一的ではなく，多様化や個性を重んじる世の中になったが，拘りは持続する方が良いという姿勢は，日本人の美学の一つで，多様化しても個々のものが固定化される傾向にあるのではないか，というのが本文の要旨である。これらの要旨をふまえると,「拘る」が良い意味になった理由を正しく説明しているアが正解となる。本文の「拘る」「拘らない」といった中心となるキーワードを，筆者がどのように論じているかを的確に読み取っていくことが重要だ。

英 語 1 (3)

1(3)は，日本語が与えられている語句整序問題。日本語が与えられている分，難易度は下がるが，この問題の英文では日本語にはない形の修飾関係が使われていて，注意して対応しないとミスをしやすい文法事項が含まれている。そのため，この問題で正解するのはそう簡単ではなく，ここで得点できたかどうかは1つの合否の分かれ目となったと思われる。ここではこの問題を詳しく検討して，日本語にはない修飾関係の仕組みの理解を深めたい。

与えられている日本語は,「私たちにできることは限られている」というもの。与えられている語句から，we can do「私たちはすることができる」という意味のまとまりをまずつかみたい。また，文の仕組みを日本語で考えると，「私たちにできることは」が主語，動詞の部分が「限られている」で，日本語通り，「限られている」は受動態で are limited と表すことも最初につかみたい。limit は「限る，限定する」という意味の動詞である。この部分を組み立てることができれば，あとは主語の「私たちにできることは」をどう表すかである。

さらに細かく主語を考えよう。日本語で考えると，「私たちにできる」が「こと」を修飾しているので，この文の最小のまとまりは「ことは限られている」ということになる。与えられている語句で「こと」を表すのは the things で，The things are limited. がこの文の骨組みということになる。あとは，「私たちにできる」と「こと」をどうつなぐかということだ。

「～が…する―(名詞)」という内容の場合にすぐに思い出したいのは，英語では修飾関係が日本語と逆になって，＜「こと」＋「私たちにできる」＞という語順になることだ。つまり，the things we can do で「私たちにできること」の意味を表す英語になり，The things we can do are limited. という英文が完成する。

このように，英語では,「後ろから前の(代)名詞を修飾する」という日本語にはない形の修飾関係があり，なじみが薄い分，英文を組み立てるときには苦労しやすい決まりである。この場合は things と we の間に関係代名詞 which または that が省略されているが，関係代名詞のほかにも，「後ろから前の(代)名詞を修飾する」例をいくつか挙げておこう。

・＜名詞＋前置詞＋(代)名詞＞

The book on the desk is mine.「机の上の[上にある]本は私のものだ」 on the desk が前の名詞 book を修飾。

・形容詞的用法の不定詞

I have something to tell you.「私にはあなたに伝えるべきことがある」 to tell you が前の代名詞something を修飾。

・＜名詞＋分詞＞

Look at the girl sitting on the bench.「ベンチに座っている少女を見なさい」 現在分詞sittingが前の名詞 girl を修飾。

「後ろから前の(代)名詞を修飾する」というパターンは英語ではよく見られるもので，日本語にはない修飾パターンなので，どうしてもなじみにくい。しかし，こうしたものは慣れるのが一番である。理屈を理解したら，常にこの修飾パターンに注意して，正確に修飾関係をつかみ，正しく日本語に直すという練習を繰り返そう。「慣れる」ことは語学学習の基本である。

ダウンロードコンテンツのご利用方法

※弊社 HP 内の各書籍ページより，解答用紙などのデータダウンロードが可能です。

※巻頭「収録内容」ページの下部 QR コードを読み取ると，書籍ページにアクセスが出来ます。（ Step 4 からスタート）

Step 1 東京学参 HP（https://www.gakusan.co.jp/）にアクセス

Step 2 下へスクロール『フリーワード検索』に書籍名を入力

Step 3 検索結果から購入された書籍の表紙画像をクリックし，書籍ページにアクセス

Step 4 書籍ページ内の表紙画像下にある『ダウンロードページ』を
クリックし，ダウンロードページにアクセス

Step 5 巻頭「収録内容」ページの下部に記載されている
パスワードを入力し，『送信』をクリック

解答用紙・+αデータ配信ページへスマホでアクセス! ⇒

＊データのダウンロードは 2024 年 3 月末日まで。

＊データへのアクセスには、右記のパスワードの入力が必要となります。 ⇒ ●●●●●●

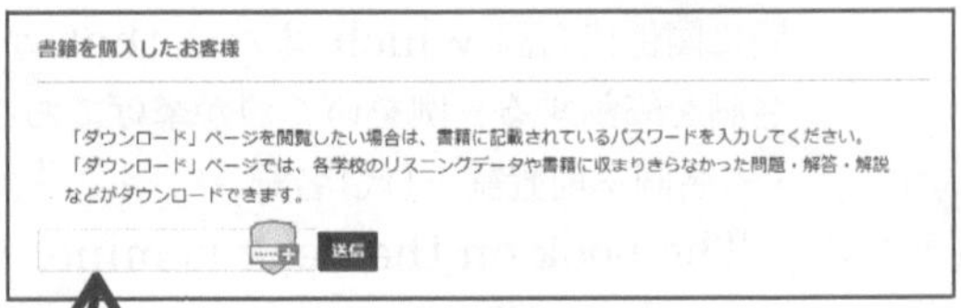

Step 6 使用したいコンテンツをクリック

※ PC ではマウス操作で保存が可能です。

2023年度

★★★★★★★★★★★★★★★★★★★★★★★

入　試　問　題

2023年度

誠信高等学校入試問題

【数　学】（40分）　　<満点：100点>

1　次の(1)から(9)までの問いに答えなさい。

(1)　$4\div 3-(-2)$ を計算しなさい。

(2)　$(4ab^2)^2\times(-3a^2b)^3\div 12a^3$ を計算しなさい。

(3)　$(\sqrt{3}-\sqrt{6})^2+\dfrac{12}{\sqrt{2}}$ を計算しなさい。

(4)　$2x(x+2)-(x+2)^2$ を因数分解しなさい。

(5)　方程式 $x^2+5x=0$ を解きなさい。

(6)　不等式 $12\leqq\sqrt{a}\leqq 13$ を満たす自然数 a の個数を求めよ。

(7)　反比例の関係 $y=\dfrac{2}{x}$ で，x の値が1から3まで変わるときの変化の割合を求めなさい。

(8)　正八角形の1つの内角の大きさは何度か，求めなさい。

(9)　5本のくじの中に，当たりくじが2本入っている。A 君と B 君がこの順にくじを引くとき，B 君が当たる確率を求めなさい。ただし，引いたくじはもとに戻さないものとする。

2　次の(1)から(3)までの問いに答えなさい。

(1)　たろう君は，家から3㎞離れた学校に行くため，午前7時に家を出た。始めは毎分50mの速さで歩き，遅刻しそうになり途中から毎分140mの速さで走ったところ，午前7時42分に学校に着いた。たろう君が走った道のりは何mか，求めなさい。

(2)　右の図のように関数 $y=ax^2$ のグラフ上に点A（2，2）と点Bがあり，点Bの x 座標は -4 である。このとき，次の問いに答えなさい。

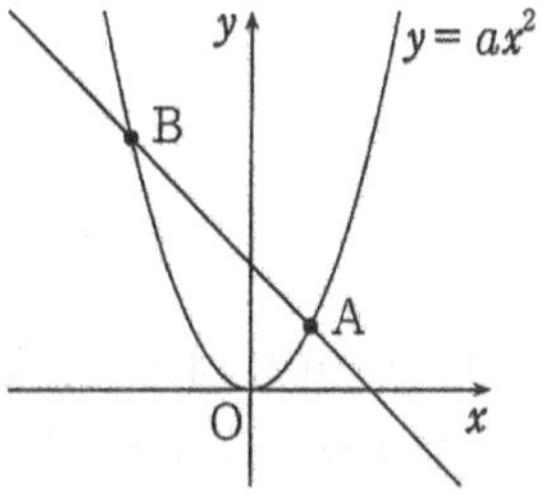

①　a の値を求めなさい。

②　直線ABの式を求めなさい。

③　△OABの面積を求めなさい。

(3)　右の図のように，6点A，B，C，D，E，Fが円周上にある。点Pは，点Aを出発し，大小2個のさいころを同時に投げて，出た目の和だけ反時計まわりに進む。例えば，出た目の和が3のときは，点Pは，点Dに止まる。このとき，次の問いに答えなさい。

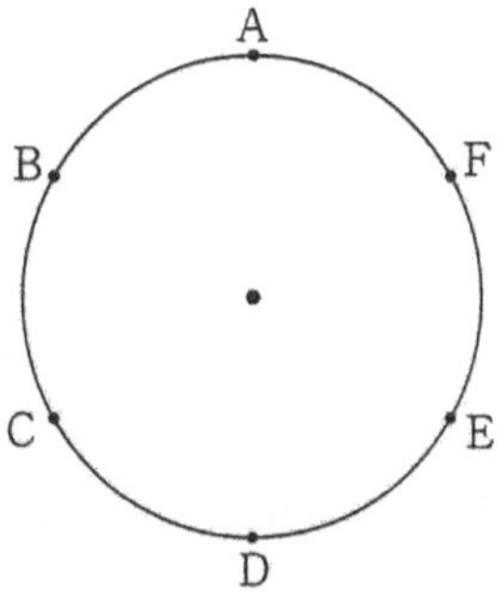

①　点Pが点Bに止まる確率を求めなさい。

②　点Pが点Fに止まらない確率を求めなさい。

3　次の(1)から(3)までの問いに答えなさい。

(1)　右の図のように，∠BAC＝30°，∠ACB＝90°，ED＝2 ㎝の△ABCがある。
辺ABは円の中心Oを通り，円は辺ACと点Dで接している。
このとき，△ABC∽△FEDであることを［　］に適切な語句または数字を入れて証明を完成させなさい。

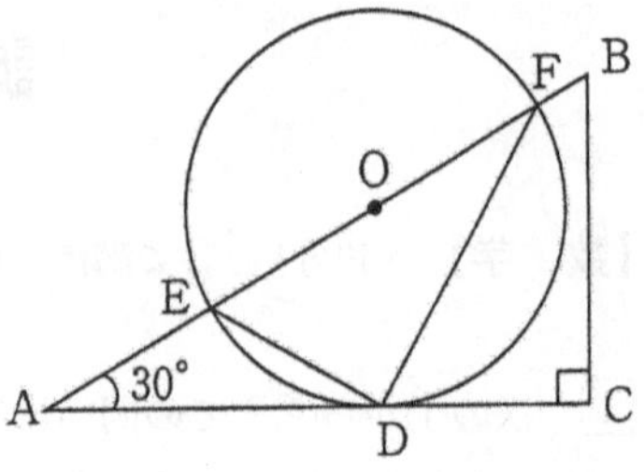

証明

△ABCと△FEDにおいて，
仮定より，∠ACB＝［1］°……①
直径ＥＦに対する円周角より，∠FDE＝［1］°……②
①，②より，∠ACB＝∠FDE……③
また，∠ABC＝60°……④
OD // BCより，∠EOD＝［2］°だから，△OEDは［3］。
よって，∠FED＝［2］°……⑤
④，⑤より，∠ABC＝［4］……⑥
③，⑥より，［5］から，△ABC∽△FED

(2)　右の図は，点Oを頂点，底面が線分ABを直径とする円錐である。母線OB上にある点をＣとし，点Ａから点Ｃを通り側面上を１周して点Aにもどる最短の線を引く。
AB＝３㎝，OA＝６㎝のときこの最短の線の長さは何㎝か求めなさい。

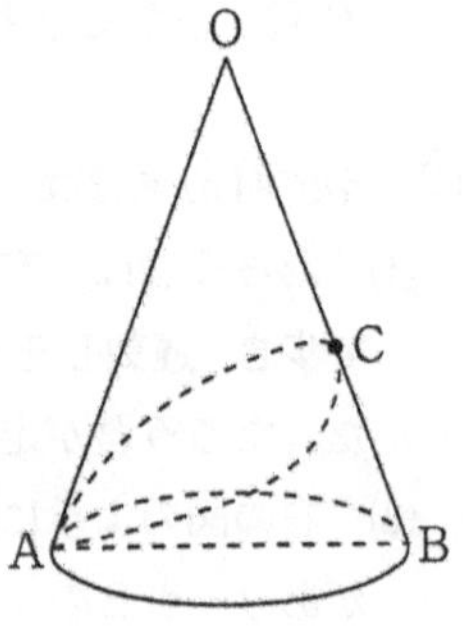

(3)　右の図のように，底面の直径と高さがともに８㎝の円柱の中にちょうど入る球がある。この球の体積と表面積をそれぞれ求めなさい。

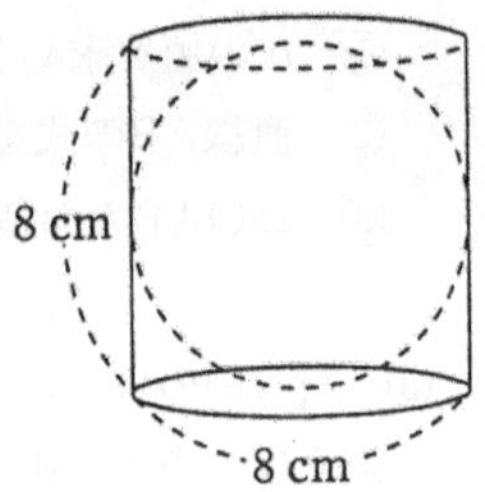

【英　語】（40分）　＜満点：100点＞

1　次の文章を読んで，あとの(1)から(6)までの問いに答えなさい。

Do you know about “SDGs”? SDGs mean “Sustainable Development Goals” and have 17 goals. SDGs help us solve some problems we have on the earth. To achieve the goals, we try to help poor people, give an education to every child, or protect our nature such as the forests and the sea, so each of us tries to do something we can do. Many people and companies both in Japan and in other countries work hard for the goals. To make our earth a better place, we need to make an effort not only for ourselves but also for children in the future or people in a difficult situation. So, actually, what should we start from?

First, let’s think about the environmental problems. Global warming is one of the biggest problems in the world. In Japan, during the summer, hot days continue. If it is much hotter in the future, [①] To solve global warming, we should start from something we can do. For example, we should turn off the light when we leave our room. Also, we should bring our own bag when we go shopping. (A) we do not use plastic bags at stores, we can reduce the amount of garbage. By doing so, we can save energy and make greenhouse effect gas less.

Second, we must solve the problems about poor people. Especially, in developing countries, many people spend their life with little money. As a result, they cannot eat enough food, and see a doctor when they are sick. Also, many children cannot go to school because they have to work for their family. They cannot receive an education, (B) they cannot get a good job. This makes their life harder because they have to work for a long hour and get only a little money. Poor parents bring poor children, and then poor children also bring up poor grandchildren. To change these bad situations for the better, it is necessary to take some actions such as building schools in developing countries, giving poor people food and clothes, and buying fair trade products.

From these things, to understand SDGs is important to spend our happy life. ②[ア do / イ are / ウ the things / エ limited / オ can / カ we]. However, if we do not do anything, our world never get better. SDGs are the goals of leaving no one behind, and by 2030, people all over the world try to achieve the goals. These days, SDGs have been known to a lot of people from adults to children. Each of us does something we can do in our daily life. It is important to go forward step by step for ③(make) our future earth a better place.

(注)

SDGs(Sustainable Development Goals)　持続可能な開発目標　　achieve　～を達成する

education　教育　　environmental　環境の　　turn off　～を消す　　amount　量

greenhouse effect gas　温室効果ガス　　bring up　～を育てる　　grandchildren　孫
fair trade　フェア・トレード（公正貿易。発展途上国の生産者が作った商品を正当な価格で購入することで，発展途上国の生産者の生活や社会の成長を支援するしくみのこと）
adult　大人

(1) ① にあてはまる最も適当な英語を，次のアからエまでの中から選んで，そのかな符号を書きなさい。

ア　our life may become worse.　　イ　our life may be improved.
ウ　our life may become better.　　エ　our life may become happier.

(2) （A）（B）にあてはまる最も適当な語を，次のアからオまでの中から選んで，そのかな符号を書きなさい。（文頭の文字も小文字で書いてあります。）

ア　after　　イ　so　　ウ　if　　エ　that　　オ　because

(3) 下線部②が「私たちができることは限られている」という意味になるように，［　］内のアからカまでの語（句）を並べかえ，そのかな符号を書きなさい。（文頭の文字も小文字で書いてあります。）

(4) 下線部③の（　）内の語を正しい形にかえて書きなさい。

(5) 本文中ではSDGsについてどのように述べられているか，最も適当なものを，次のアからエまでの中から選んで，そのかな符号を書きなさい。

ア　Japanese government originally started SDGs.
イ　SDGs help people spend a better life.
ウ　SDGs are the goals only for people in developing countries.
エ　We will not be able to achieve SDGs by 2030.

(6) 次の1から4までの文が，本文に書かれていることと一致していれば○，一致していなければ×を書きなさい。

1　It is important to save energy to solve global warming.
2　A lot of children in developing countries have to work instead of studying.
3　It is easy for poor family to change a poor situation into a rich one.
4　To improve our life, we must try something special we do not often do.

2　次の会話文は「エコツーリズム」（自然と調和した観光開発）について述べたものです。本文を読んで，あとの(1)から(4)までの問いに答えなさい。

Mr. Sato : Today, I would like to talk about ecotourism. It is useful for both tourists and the people who live there. Do you know where ecotourism started?

Satomi : 【 a 】 However, I think they started it because it is better to protect their nature and industry than to increase tourists.

Mr. Sato : 【 b 】 There are many attractive spots in this country. For example, many wild animals live there. Why do they have to protect the animals?

David : I think the number of tourists enjoying such nature is increasing, so they need to build more hotels and zoos.

Satomi : 【 c 】

Mr. Sato : That's right. In fact, most people in Costa Rica have ① jobs (r　　) (t　　) tourism. Next, let's think about the domestic ecotourism. Do you know the word "park and ride"?

David : Well ... I know it just a little. That means that the number of cars in the central parts of cities is limited.

Mr. Sato : Also, in some spots such as Kyoto and Nara, they encourage visitors to park their cars in parking lots and use public transportation such as buses and trains.

Satomi : 【 d 】 Tell me more about that.

Mr. Sato : If we didn't have such rules, the cars towards tourist spots would emit a lot of CO2.

Satomi : I see. I think we should encourage people around the world to (A) their environment and develop a sustainable economy.

(注)
industry 産業　attractive 魅力的な　Costa Rica コスタリカ
park and ride パークアンドライド（駐車して乗車する）　central 中心の
public transportation 公共交通機関　towards ～に向かう　emit ～を排出する
sustainable 持続可能な　economy 経済

(1) 次のアからエまでの英文を，会話文中の【a】から【d】までのそれぞれにあてはめて，会話の文として最も適当なものにするには，それぞれどれを入れたらよいか，そのかな符号を書きなさい。ただし，いずれも一度しか用いることができません。

ア I see your point, but I disagree with you.

イ I'm sorry, I don't know about it.

ウ That's a good point. The country that started ecotourism is Costa Rica.

エ I'm interested in that rules.

(2) 下線部①が「観光に関係する仕事」という意味になるように，(　) に最も適当な語を入れて，英文を完成させなさい。ただし，(　) 内に文字が示されているので，その文字で始まる語を解答すること。

(3) (A) にあてはまる最も適当な語を，次のアからエまでの中から選んで，そのかな符号を書きなさい。

ア use　イ build　ウ protect　エ increase

(4) 次の英文は，この会話が行われた後，サトミ（Satomi）が次の授業で佐藤先生（Mr. Sato）に提出するレポートです。このレポートが会話文の内容に合うように，次の（X），（Y）のそれぞれにあてはまる適当な語を書きなさい。

I agree with the opinion that it is better to protect the environment than to (X) the number of tourists. In Costa Rica, many wild animals live there.

If we did not protect their nature, tourists would not be able to go and see them. Also, I learned that Japan has an (Y) rule called park and ride. I want all tourists to know this.

3 次の(1)から(5)までの日本語の意味に合うように，( ) 内の語（句）を正しい順序に並べかえ，そのかな符号を書きなさい。（文頭の文字も小文字で書いてあります。）

(1) 彼らは漫画を何冊持っていますか。
(ア comic books イ they ウ many エ how オ do) have?

(2) 昨日からずっと雨が降っています。
(ア rainy イ it ウ since エ has オ been) yesterday.

(3) 私にとって，英語で手紙を書くことは簡単ではない。
It is not (ア for イ easy ウ write エ to オ me) a letter in English.

(4) あなたが昨日会った男の人は私の父です。
(ア you イ who ウ the man エ met オ yesterday) is my father.

(5) 私の弟はゲームをするために，コンピューターを買った。
My brother (ア a イ to ウ bought エ play オ computer) games.

4 ジョージ (George) とカナ (Kana) が「smartphones（スマホ）の長所と短所」について対話をしています。次の対話文を読んで，あとの(1)から(3)までの問いに答えなさい。

George : I am on the photography club. I like taking the pictures of the beautiful landscapes near the Kiso River.

Kana : Would you tell me how you use them?

George : I send the pictures to my parents who live in the United States or post them on my blog. 【 1 】

Kana : Using smartphones helps us contact our parents and friends.

George : ① <u>Also, since I use a blog, it is convenient to make friends and (s) memories.</u> 【 2 】

Kana : Ms. Sasaki says, “People use smartphones to build relationships. They can help us a lot, but they can’t do everything.” By the way, I think your Japanese is getting better.

George : I think so, too. I use Japanese when I communicate with my friends at school and on blogs, so I think I have improved my Japanese. Ms. Sasaki also says, “Using smartphones is helpful, but we need to use them very carefully.” 【 3 】

Kana : That’s nice. It can be dangerous for students to use the smartphones without enough knowledge. For example, their personal information can be exposed all over the world.

George : I see. I think people should know how to use them.

(注)

photography club　写真部　　landscapes　風景　　post　～を投稿する　　contact　～と連絡をとる

since　～なので　　By the way　そういえば　　knowledge　知識　　exposed　さらされる

(1)　下線部①の（　）内に，最も適当な語を入れて，英文を完成させなさい。ただし，（　）内に文字が示されているので，その文字で始まる語を解答すること。

(2)　会話文として適当なものにするには，次の一文を【1】から【3】のどこに入れたらよいか，番号を答えなさい。

When I post a message or photograph on my blog, I try to remember her advice.

(3)　次の1から3までの文が，本文に書かれていることと一致していれば○，一致していなければ×を書きなさい。

1　George sends the pictures taken near the Kiso River to the friends who live in the US.

2　Ms. Sasaki says that using smartphones is helpful for building relationships but that they should be used very carefully.

3　Kana thinks that it is dangerous for students to use the smartphones.

四 次の㈠、㈡の問いに答えなさい。

㈠ 次の①、②の文中の傍線部について、漢字はその読みをひらがなで書き、カタカナは漢字で書きなさい。

① チームのカントクが交代した。

② 高い山々の峰が明るく照らされる。

㈡ 次の③、④の文中の傍線部と同じ漢字を用いるものを、それぞれ次のアからエまでの中から一つ選んで、そのかな符号を書きなさい。

③ 病院長が病トウを巡回する。

ア 外国の大トウ領がやってきた。

イ 地震によって古い城がトウ壊した。

ウ 新しい家が一トウ出来上がった。

エ 選挙で知事が再びトウ選した。

④ 有名な大学教授のコウ演会を聞きに行く。

ア あの選手は技コウ派として有名だ。

イ 古代の遺跡の遺コウが発見された。

ウ 人手不足で休コウ地が増加している。

エ 免許のコウ習会に出席した。

エ　口をすぼめて赤ちゃんの機嫌を取るように、目線を低く低く設定したもの。

(七)　⑥自分の役割　とは何か。五字以内で抜き出して答えなさい。

(八)　この文章に書かれていることに最も近いものを、次のアからエまでの中から選んで、そのかな符号を書きなさい。

ア　紀子は、名前を変えればマリリン・モンローのようなスターになれると正子に教えた。

イ　正子は、髪の手入れの仕方を普段と変えたことで事務所の出世頭になっていった。

ウ　紀子は、八十を過ぎたら疲れやすくなるので女優の道は諦めるように正子に言った。

エ　正子は、髪をラベンダー色にしたことで段々若々しい役に選ばれるようになった。

三　次の文章を読んで、あとの(一)から(四)までの問いに答えなさい。

二十一日《はつかあまりひとひ》。①卯《う》の時ばかりに船出だす。みな人々船出づ。②これを見れば、春の海に、秋の木の葉しも散れるやうにぞありける。おぼろけの願によりてにやあらむ、風も吹かず、よき日出で来て、漕《こ》ぎ行く。このあひだに、使はれむとて、つきて来る童《わらわ》あり、それがうたふ船唄、

なほこそ国の方《かた》はみやらるれ　わが父母ありとし思へば　かへらや

とうたふぞあはれなる。かくうたふを聞きつつ漕ぎ来るに、黒鳥《くろとり》といふ鳥、岩の上に集まりをり。その岩のもとに、波白くうち寄す。楫取りのいふやう、「黒鳥のもとに、白き波を寄す。」とぞいふ。このことば、何とにはなけれども、ものいふやうにぞ聞こえたる。人のほどにあはねば、とがむるなり。かくいひつつ行くに、(注1)船君《ふなぎみ》なる人、波を見て、「国よりはじめて、海賊報《かいぞくむく》いせむといふなることを思ふうへに、海のまた恐ろしければ、③頭もみな白けぬ。(注2)七十路八十路《ななそじやそじ》は、海にあるものなりけり。

わが髪の雪と磯辺の白波といづれまされり　(注3)沖つ島守

楫取り、言へ。」

(『土佐日記』による)

(注1)　船君…船旅の長である人。
(注2)　七十路八十路…七十歳八十歳。
(注3)　沖つ島守…沖にある島の番人。

(一)　①卯の時　は現在の時刻で何時になるか。午前午後を明確にして漢数字で書きなさい。

(二)　②これを見れば、春の海に、秋の木の葉しも散れるやうにぞありける　の中から係りの助詞を抜き出して答えなさい。

(三)　③頭もみな白けぬ　となる理由は何か。次のアからオまでの中から二つ選んで、そのかな符号を書きなさい。

ア　卯の時になってしまっているから。

イ　海賊が報復するだろうと人々が言うから。

ウ　黒鳥が岩の上を飛んでいるから。

エ　海が荒れるのが恐ろしいから。

オ　七十歳や八十歳になるのが恐ろしいから。

(四)　この文章の作者を漢字で書きなさい。

ルームで孝宏にそうしたみたいに。一時期は片時も正子の側を離れない甘えっ子だったのに、今は年に数回顔を見せればいい方だ。視聴者に合わせたつもりになって目線を低く低く設定しても結局、番組が話題になることはほとんどないのに似ている気がした。

　こういう感慨はいかにも老人くさくて嫌だけれど、あの頃の撮影所は楽しかったなあ、と正子はつくづく思うのだ。紀子ねえちゃんみたいな、誰が見ても釘《くぎ》付けになるような圧倒的スターがいて、彼らの発する熱気にそこにいる全員が、ぐるぐると巻き込まれていた。鉄のにおいがプンとする巨大なカメラを前にすると、ここに立ったたくさんの名優が思い浮かび、こんな自分でもその世界の一員であるという喜びで、存在ごと許されていく気がした。けれど、紀子ねえちゃんほどの女優でさえ、最終的に求められるのは同じ「夢のおばあちゃん」だと思うと、なんだか⑥自分の役割というものに、開き直れる気もするのだ。

（柚木麻子『マジカルグランマ』による）

（注1）マリリン・モンロー…一九五〇～六〇年代に活躍したハリウッド俳優。ノーマ・ジーンは本名。
（注2）ピンナップガール…ファッションモデル。
（注3）ブロンド…金髪。

㈠ [A]～[C]にあてはまる最も適当なことばを、それぞれ次のアからクまでの中から選んで、そのかな符号を書きなさい。

ア ゆったり　イ ねっとり
ウ きっぱり　エ あっさり
オ すっかり　カ こってり
キ きっかり　ク うっとり

㈡ ①黒曜石の目を見開いた とあるが、このような表現技法を何というか。最も適当なものを、次のアからエまでの中から選んで、そのかな符号を書きなさい。

ア 体言止め　イ 隠喩　ウ 直喩　エ 擬人法

㈢ ②もう一つ、付加価値が必要なのだろう とあるが、ここでいう「付加価値」とは何か。「～であること」に続くように、十五字以内で抜き出して答えなさい。

㈣ ③それ とは何か。十字以内で抜き出して答えなさい。

㈤ ④自嘲 の意味として最も適当なものを、次のアからエまでの中から選んで、そのかな符号を書きなさい。

ア 自分で自分をなぐさめること
イ 自分で自分をあざ笑うこと
ウ 自分で自分を元気づけること
エ 自分で自分を苦しめること

㈥ ⑤映像制作そのものが、昔とは何もかも違い過ぎていた とあるが、正子は現在の映像制作がどのようなものだと感じているのか。最も適当なものを、次のアからエまでの中から選んで、そのかな符号を書きなさい。

ア 可愛がった我が子がいつか疎遠になるように、結局は失敗してしまうもの。
イ 視聴者を甘やかすような考えにより、専門的な話題を避けて作られるもの。
ウ 赤ちゃんをあやしているような、視聴者の目線を意識しようとしないもの。

を施した。ユメかわの提案で短くカットし、顔全体が後光で包み込まれるような、ふんわりとしたパーマをかけた。毛先に手をあてると、ポワポワとした綿あめのような弾力があって髪全体が弾んだ。

　不思議なもので、髪が徐々に淡い色に移行するにつれて、愛らしいとぼけた表情が自然と引き出されるようになった。慣れてしまえば思いの外、楽しかった。人を喜ばせることは昔から好きだった。

　日米開戦の翌年に生まれた正子は、まだ言葉もおぼつかないうちから一人、銀行員だった父親の遠縁だという農家に疎開に出され、終戦後もしばらくそこでの暮らしが続いた。かなりの心付けが渡されたらしいが、大家族の中で、幼いなりに何かと気を遣うことが多く、我慢は当たり前だった。実家に呼び戻された頃には弟が生まれていた。両親はそれまでの時間を取り戻すように正子に優しかったけれど、成長しても、手放しで甘えたりわがままを言うことができなかった。大人になってもなお、くつろぐより前に、まず自分は何をすべきか、とその場をじっと見回すくせがある。

　そんな常識人めいたところは、夫によく、

――まあちゃんは女優っぽくないんだよなあ。人を押しのけてでもっていう気迫がないし、何をやっても狂気がまったくないんだもの。

　となじられたものだ。「狂気」は夫のお気に入りの言葉で、後年は自作にそれが溢れていると評されて、随分と得意そうだった。

　でも、時代は変わった。どうやら、最近は③それが長所として生きる風潮にあるようだった。

「わあ、可愛《かわい》いおばあちゃんですねえ」

　旬の主演女優さえわざわざ正子の側《そば》までやってきて、赤ん坊かパンダを見るかのようにして目を細める。正子が得意とするのは、おっとりとしていて上品で問題を抱えた若者をそっと包み、見守りながらも、時折ズレた言動で笑いを誘いまわりを和ませる、穏やかな老婦人の役回りだった。グレイッシュな髪色はスタイリストが用意するふんわりした素材のショールや甘い色のカシミアなどともよく調和し、最近の安っぽいライトに照らされると、銀に潜んだラベンダー色が分裂して虹のようなきらめきが生まれる。

　ある日、同じ局の撮影だったので、紀子ねえちゃんの個室楽屋まで訪ねていって、半ば得意な気持ちもありながら、ほんのり④自嘲気味に愚痴ったところ、

「あら、私と正反対ね。私のは何もかもできすぎる魔女みたいな役ばっかりよぅ」

　と、黒に近い紫のシルクブラウスの中で泳ぐ尖《とが》った肩をすくめられた。

　確かに紀子ねえちゃんがドラマや映画で演じるのは、ここぞという時に仕立ての良い高級品を身につけて、［C］と姿を現す、引退した伝説の女実業家、普段は清掃員に扮《ふん》しているが学園の先の先まで見越している理事長、富豪一族の陰のトップなどだ。

　年をとったら最後、愛玩動物系か、すべてを救済する魔法使いか、どちらかしか許されないような気がする。

　そもそも、⑤映像制作そのものが、昔とは何もかも違い過ぎていた。なんだか作品を撮っているというより、時々、「あんよは、上手、あんよは、上手」と、口をすぼめて、おどけた顔を作り、赤ちゃんの機嫌をとってあやしているような気がしないでもない。遠い昔、我が家のサン

二 次の文章を読んで、あとの㈠から㈧までの問いに答えなさい。

映画監督の夫をもつ元女優の正子は、75歳にして再デビューに向けて励むが、なかなか成功しない。そんなとき、正子の先輩女優紀子に、「売れっ子になりたいなら髪を黒く染めるのではなく、真っ白にすべき」だと指摘され、強引に美容室に連れて行かれてしまった。

紀子ねえちゃんは、こちらがぼんやりしているので、もどかしそうに口を開いた。

「(注1)マリリン・モンローはね、ノーマ・ジーンと名乗っていた(注2)ピンナップガール時代は褐色の髪だったのよ。プラチナ・(注3)ブロンドに染めて名前を変えたら、あっという間にスターになったの」

そんな奇跡は、もともと才能ある女優だったから起こるべくして起きたのではないだろうか。そう言うと、紀子ねえちゃんは A と否定した。

「ちがうわよ。ノーマはブロンドにすることで、現実にはいない、夢の女になったの。正子ちゃんも真っ白な髪になれば、みんなにとっての理想そのもの、になれると思う。言いにくいんだけど、あなたはシニア俳優として売り出すには、外見が若すぎて、中途半端なの。しっかりとした老け作りをすることで、立ち位置が明確になるわ」

美容師がいかにもお追従じみた笑顔を浮かべ、へらへらと言った。

「そうですよ。超ユメかわいい、ユメのおばあちゃんですよ～」

こっそりスマホで検索したところ、「ユメかわ」とは流行《はや》りの言葉で、少しだけ不気味なおとぎめいた魅力のことを指すらしい。確かに、こんな世の中だから、誰しもおとぎ話が欲しいのかもしれない。正子は心の中で、その美容師を「ユメかわ」と呼ぶことに決めた。

さらに、もう一押し、と踏んだのか、紀子ねえちゃんが①黒曜石の目を見開いた。かつては羽根のような付けまつ毛を愛用していたが、今はエクステなる自然な人工毛で取り囲まれている。

「あのね、自分を変えるなら、正子ちゃん、ピチピチの今、おやんなさいよ。今しかないわ。八十を過ぎたら、ぐんと疲れやすくなって、誰でも守りに入っちゃうの。すぐに、立ったり座ったりするので、やっとになってくるんだから」

バネが通っているようなしなやかな体つきの名女優は、わざとのように疲れた表情を浮かべ、腰をさすってみせながら、そう言った。

正子の心は決まった。

失うものなど何もない。自分のような平凡な俳優がスポットライトの前に飛び出すには、②もう一つ、付加価値が必要なのだろう。

そして、紀子ねえちゃんの言った通り正子のキャリアは上昇気流に乗るのである。

染めるのをやめて、白髪交じりのまま放置し、美容院にこまめに通うようになってから、正子はオーディションに受かるようになり、仕事量は目に見えて増えていった。それだけではない。通行人ではなく、ちゃんと台詞があり、エンドロールにクレジットされる正式な役にありつけるようになったのだ。最初は二時間ドラマや昼ドラの端役がほとんどだったが、やがてゴールデンに放送される人気ドラマからも声がかかるようになった。いつしか、事務所に出入りするシニア俳優の卵たちに羨ましがられる出世頭になっていった。

B 銀色になった髪に、仕上げとしてラベンダーのカラーリング

る。ただ、「伝統だから守らなければならない」という頑《かたく》なな主張には、無理があるのではないか、とは感じる。多くの場合、「伝統」という言葉に、ひれ伏している感じにも捉えられる。同様に、「拘り」さえあれば良い、というわけでもないだろう。最近は、「拘る」ことがあまりにも美化されすぎている嫌いがある。

「拘る」が、これほど良いイメージになった理由は、画一的なものから、多様なもの、個性的なものへ目を向けるようになったためだ。「ゆとり」というものを持とう、と大勢が動いた。その変化自体が、これまた画一的であるけれど、方向性としては間違っていない。画一的になりがちなのは、空気を読む日本人の気質によるもので、これは [E] に改まるものではないだろう。

それぞれが自分の好きなものに拘る、という意味では、画一的ではない。みんながばらばらになったのだから、多様化し、個性も育ち、それを重んじる世の中になった。ただ、ここで登場するのが、一度拘りを持ったら、それを持続する方が良い、という姿勢である。

これは、古来あったもので、日本人の美学の一つだった。「一途《いちず》」であることが重んじられ、「一所懸命」という言葉もある。なにか一つのことに打ち込む。複数のものに手を出してはいけない。自分はこれと決めたら、まっしぐらに進め、という教えが昔からあったから、最近になって多様化しても、その個々のものが定着したあと、やはり固定化される傾向にあるのではないか。

（森博嗣『なにものにもこだわらない』による）

㈠ [A] にあてはまる最も適当な漢字二字の語句を書きなさい。

㈡ ①このような言葉の意味の転換 とあるが、どういうことか。説明した次の文の空欄を本文中の四字で、それぞれ埋めなさい。

・以前は《 ア 》で使われていたが、時を経て、《 イ 》で使われるようになった。

㈢ ②ほかにも例が沢山ある とあるが、筆者が指摘している三例を、「凝る」「拘る」以外に文全体より過不足なく、抜き出して答えなさい。

㈣ [B] ～ [D] にあてはまる最も適当なことばを、それぞれ次のアからオまでの中から選んで、そのかな符号を書きなさい。

ア ただ　イ ところが　ウ つまり　エ だから
オ やはり

㈤ [E] にあてはまる最も適当な四字熟語を、次のアからオまでの中から選んで、そのかな符号を書きなさい。

ア 一期一会　イ 二束三文　ウ 一朝一夕　エ 十人十色
オ 四苦八苦

㈥ この文章に書かれている内容として正しいものを、次のアからエまでの中から一つ選んで、そのかな符号を書きなさい。

ア 「拘る」が良い意味になったのは、社会が豊かになり、画一的なものから多様なものに目を向けるようになったからである。

イ 「拘る」が良い意味になったのは、日本人の美学の一つである「一途」の価値が見直されるようになったからである。

ウ 「拘らない」が良い意味であったのは、「ゆとり」というものを持とうと大勢が動いたからである。

エ 「拘らない」が良い意味であったのは、共通の利益よりも個人の自由を許容する方が優先されていたからである。

【国　語】（四〇分）〈満点：一〇〇点〉

一　次の文章を読んで、あとの㈠から㈥までの問いに答えなさい。

辞書を引けばわかることだが、「拘《こだわ》る」という言葉は、本当は悪い意味で使われていた。広辞苑には、「1、さわる、さしさわる。さまたげとなる。2、些細《ささい》なことにとらわれる。拘泥《こうでい》する。3、些細な点にまで気を配る。思い入れをする。4、故障を言い立てる。なんくせをつける。」とあった。このうち、3は、良い意味でも使え、現在よく用いられている「拘りの逸品」などの用法の意味だが、ほかはすべて悪い（マイナスの）イメージである。

僕が子供のときには、良い意味での「拘る」を聞いた覚えがない。大人からは、「そんな細かいことに拘るな」とよく叱られたものだ。否定の命令形である「拘るな」は何度も聞いたけれど、［A］の命令形「拘れ」といわれた覚えは一度もない。

［B］、ある時期から、急に「拘る」が良い意味で響く言葉として広まった。類似のものに「凝《こ》る」がある。これも、「肩が凝る」のように固くなることを意味していて、本来は不自由な状況を示しているが、「凝った造形」のように、良い意味で使われることが増えてきたように思う。

現在では（特に若者は）、「拘る」ことを悪くは捉えないだろう。自分も積極的になにかに拘りたい、と憧《あこが》れている人がほとんどだ。「拘りの店」といえば、なにかを極めた名店というイメージで捉えるはずである。

①このような言葉の意味の転換は、もちろん②ほかにも例が沢山ある。新しいものでは、たとえば「ヤバい」などが、悪いイメージから良いイメージに使われ方が変化している。「拘る」から連想するものでは、「オタク」がそうだろう。かつては、暗いイメージでしか使われなかったが、いつの間にか明るく、しかも良い意味で用いられる機会が増えた。なにかに拘りを持つ人たちの総称ともいえるから、「拘る」ことが良い印象になったことと関係があるのだろうか。

もう少し社会的に考えてみると、貧しい時代には、働くことが第一優先であったから、仕事に支障を来《きた》すような雑事や、個人的な嗜好《しこう》に拘る余裕がなかったはずである。［C］、「拘るな」と、もっと足並みを揃えなさい、共通の利益を第一に考えなさい、という注意や指導を受ける。それが、ある程度豊かになったことで、個人の自由を許容する社会になってきた、というわけである。

「伝統」という言葉も類似しているかもしれない。僕が子供の頃には、「古いものにいつまでも囚われていてはいけない」という風潮が大勢だったが、最近では、「伝統は継承していくべきである」との意見が多数派になり、むしろ優先的に、大切に守るべきものとなった。これも、社会が豊かになったことで、「拘る」の変化と方向性が一致している、といえるだろう。

［D］、そのイメージの反転が、あまりにも極端すぎるのではないか、と僕は感じている。この本では「拘らない」ことの大切さを述べていくが、「一切拘るな」という主張をしたいのではない。「伝統など打ち壊せ」というつもりも毛頭ない。

そうではない。守るべきものもあるし、新しくしなければならないものだってある。それぞれ、そのときどきで、評価をして判断すれば良いのだし、また個人それぞれで、自分の考えに従って判断すれば良いことであ

2023年度

解 答 と 解 説

《2023年度の配点は解答欄に掲載してあります。》

＜数学解答＞《学校からの正答の発表はありません。》

[1] (1) $\frac{10}{3}$ (2) $-36a^5b^7$ (3) 9 (4) $(x+2)(x-2)$ (5) $(x=)0,\ -5$

(6) 26(個) (7) $-\frac{2}{3}$ (8) 135(度) (9) $\frac{2}{5}$

[2] (1) 1400(m) (2) ① $\frac{1}{2}$ ② $y=-x+4$ ③ 12 (3) ① $\frac{1}{6}$ ② $\frac{5}{6}$

[3] (1) 1 90 2 60 3 正三角形 4 ∠FED 5 2組の角がそれぞれ等しい

(2) $6\sqrt{2}$(cm) (3) (体積)$\frac{256}{3}\pi$(cm^3) (表面積)64π(cm^2)

○推定配点○

[3] 各5点×8 他 各4点×15 計100点

＜数学解説＞

[1] **(数・式の計算，平方根，因数分解，2次方程式，不等式，反比例，正多角形の内角，確率)**

(1) $4\div3-(-2)=\frac{4}{3}+2=\frac{4}{3}+\frac{6}{3}=\frac{10}{3}$

(2) $(4ab^2)^2\times(-3a^2b)^3\div12a^3=\frac{16a^2b^4\times(-27a^6b^3)}{12a^3}=-36a^5b^7$

(3) 乗法公式$(x-y)^2=x^2-2xy+y^2$より，$(\sqrt{3}-\sqrt{6})^2=(\sqrt{3})^2-2\times\sqrt{3}\times\sqrt{6}+(\sqrt{6})^2=3-2\sqrt{18}+6=9-6\sqrt{2}$，$\frac{12}{\sqrt{2}}$を有理化すると，$\frac{12}{\sqrt{2}}=\frac{12\sqrt{2}}{2}=6\sqrt{2}$なので，$(\sqrt{3}-\sqrt{6})^2+\frac{12}{\sqrt{2}}=9-6\sqrt{2}+6\sqrt{2}=9$

(4) $x+2=\mathrm{A}$とおくと，$2x(x+2)-(x+2)^2=2x\mathrm{A}-\mathrm{A}^2=\mathrm{A}(2x-\mathrm{A})$ $\mathrm{A}=x+2$を戻して，$\mathrm{A}(2x-\mathrm{A})=(x+2)\{2x-(x+2)\}=(x+2)(2x-x-2)=(x+2)(x-2)$

(5) $x^2+5x=0$ $x(x+5)=0$ $x=0,\ -5$

(6) $\sqrt{144}=12\leqq\sqrt{a}\leqq13=\sqrt{169}$より，$a$は144から169までの自然数となる。よって，$a$の個数は$169-144+1=26$(個)

(7) $y=\frac{2}{x}$に$x=1$，3をそれぞれ代入すると，$y=\frac{2}{1}=2$，$y=\frac{2}{3}$ よって，変化の割合はyの増加量÷xの増加量$=\left(\frac{2}{3}-2\right)\div(3-1)=\left(\frac{2}{3}-\frac{6}{3}\right)\div2=-\frac{4}{3}\times\frac{1}{2}=-\frac{2}{3}$

基本 (8) 正n角形の内角の和は$180\times(n-2)$で求められるので，正八角形の内角の和は$180\times(8-2)=180\times6=1080$(度) よって，正八角形の1つの内角は$1080\div8=135$(度)

重要 (9) 2本の当たりくじを①，②，3本の外れくじを[1]，[2]，[3]とする。A君とB君がくじを引く場合の数は(A，B)＝(①，②)，(①，[1])，(①，[2])，(①，[3])，(②，①)，(②，[1])，(②，[2])，(②，[3])，([1]，①)，([1]，②)，([1]，[2])，([1]，[3])，([2]，①)，([2]，②)，([2]，[1])，([2]，[3])，([3]，①)，([3]，②)，([3]，[1])，([3]，[2])の20通り。このうち，B君が当たるのは下線をつけた8通りなので，求める確率は$\frac{8}{20}=\frac{2}{5}$

[2] **(方程式の応用問題，図形と関数・グラフの融合問題，図形と確率の融合問題)**

重要 (1) 毎分140mで走った道のりをxmとすると，走った時間は$\frac{x}{140}$(分) また，毎分50mで歩いた道のりは$3000-x$(m)なので，歩いた時間は$\frac{3000-x}{50}$(分)　家から学校まで午前7時42分−午前7時=42(分)かかったので，$\frac{x}{140}+\frac{3000-x}{50}=42$　$5x+14(3000-x)=29400$　$5x+42000-14x=29400$　$-9x=-12600$　$x=1400$(m)

基本 (2) ①　$y=ax^2$にA(2, 2)を代入すると，$2=a\times2^2$　$2=4a$　$a=\frac{2}{4}=\frac{1}{2}$

②　$y=\frac{1}{2}x^2$に$x=-4$を代入すると，$y=\frac{1}{2}\times(-4)^2=\frac{1}{2}\times16=8$　A(2, 2)とB(−4, 8)を通る直線の傾きは$\frac{2-8}{2-(-4)}=-\frac{6}{6}=-1$　直線ABの式を$y=-x+b$とおいて，A(2, 2)を代入すると，$2=-2+b$　$b=4$　よって，直線ABの式は$y=-x+4$

③　直線ABの切片をDとすると，D(0, 4)なので，△OAB=△OAD+△OBD=$\frac{1}{2}\times4\times2+\frac{1}{2}\times4\times4=4+8=12$

重要 (3) ①　大小2個のさいころを同時に投げるときの場合の数は6×6=36(通り)　点Pが点Bに止まるとき，出た目の和が7であるから，(1, 6)，(2, 5)，(3, 4)，(4, 3)，(2, 5)，(6, 1)の6通り。よって，求める確率は$\frac{6}{36}=\frac{1}{6}$

②　点Pが点Fに止まるとき，出た目の和が5または11であるから，(1, 4)，(2, 3)，(3, 2)，(4, 1)，(5, 6)，(6, 5)の6通り。よって，点Pが点Fに止まらないのは36−6=30(通り)　従って，求める確率は$\frac{30}{36}=\frac{5}{6}$

3　(相似な三角形の証明，円錐の側面を通る線の最短距離，球の体積と表面積の計量)

(1)　△ABCと△FEDにおいて，仮定より，∠ACB=$_1$90°…①　直径EFに対する円周角より，∠FDE=$_1$90°…②　①，②より，∠ACB=∠FDE…③　また，△ABCにおいて，∠ABC=180−(90+30)=180−120=60°…④　円Oは辺ACと点Dで接しているので，∠ODA=90°であるから，∠ODA=∠BCD=90°　同位角が等しいので，OD//BCより，∠EOD=∠ABC=$_2$60°で，円の半径は等しく，OD=OE=2(cm)だから，△OEDは$_3$正三角形。よって，∠FED=$_2$60°…⑤　④，⑤より，∠ABC=$_4$∠FED=60°…⑥　③，⑥より，$_5$2組の角がそれぞれ等しいから，△ABC∽△FED

重要 (2)　側面の展開図のおうぎ形の中心角は$\frac{\text{底面の半径}}{\text{母線}}\times360°$で求められる。図の円錐は底面の半径が$\frac{3}{2}$cm，母線が6cmなので，側面の展開図のおうぎ形の中心角は$\frac{3}{2}\div6\times360=\frac{3}{2}\times\frac{1}{6}\times360=90°$　よって，最短の線は直角をはさむ2辺が6cmの直角二等辺三角形の斜辺となる。三平方の定理より，$1:1:\sqrt{2}$が成り立つから，求める長さは$6\sqrt{2}$ cm

基本 (3)　球の半径をrとすると，体積は$\frac{4}{3}\pi r^3$，表面積は$4\pi r^2$で求められる。図の球の半径は4cmなので，体積は$\frac{4}{3}\pi\times4^3=\frac{256}{3}\pi$(cm^3)，表面積は$4\pi\times4^2=64\pi$(cm^2)

★ワンポイントアドバイス★

教科書レベルの基本的問題を確実に点数にする力が求められる。

＜英語解答＞《学校からの正答の発表はありません。》

1 (1) ア　(2) (A) ウ　(B) イ　(3) ウ・カ・オ・ア・イ・エ
(4) making　(5) イ　(6) 1 ○　2 ○　3 ×　4 ×

2 (1) 【a】 イ　【b】 ウ　【c】 ア　【d】 エ　(2) related to　(3) ウ
(4) (X) increase　(Y) rule

3 (1) エ・ウ・ア・オ・イ　(2) イ・エ・オ・ア・ウ　(3) イ・ア・オ・エ・ウ
(4) ウ・イ・ア・エ・オ　(5) ウ・ア・オ・イ・エ

4 (1) share　(2) 【3】　(3) 1 ×　2 ○　3 ×

○推定配点○

1(1)～(4)，2(1)～(3)，4(1)　各3点×12　他　各4点×16　計100点

＜英語解説＞

1 **(長文読解問題・説明文：語句選択補充，語句整序，語形変化，内容吟味)**

(全訳) あなたは「SDGs」について知っていますか。SDGsとは「持続可能な開発目標」という意味で，17の目標があります。SDGsは私たちが地球上で抱えているいくつかの問題を解決するのに役立ちます。その目標を達成するために，私たちは貧しい人々を助けたり，すべての子供に教育を与えたり，あるいは森や海などの私たちの自然を保護しようと努めるので，私たちひとりひとりが自分にできることをしようと努めます。日本と他の国々の多くの人々と企業がその目標のために一生懸命に取り組んでいます。私たちの地球をよりよい場所にするために，私たちは自分たち自身だけでなく，将来の子供たちや困難な状況にある人々のためにも努力する必要があります。それでは，実際に，私たちは何から始めるべきなのでしょうか。

最初に，環境問題について考えましょう。地球温暖化は世界最大の問題の1つです。日本では夏の間，暑い日が続きます。将来もっと暑くなれば，①私たちの暮らしはさらにひどくなるかもしれません。地球温暖化を解決するために，私たちはできることから始めるべきです。たとえば，私たちは部屋を出るときに明かりを消すべきです。また，私たちは買物に行くときに自分の買物袋を持っていくべきです。私たちが店でレジ袋を使わなければ，私たちはごみの量を減らすことができます。そうすることで，私たちはエネルギーを節約し，温室効果ガスを減らすことができます。

次に，私たちは貧しい人々の問題を解決しなくてはなりません。特に，開発途上国では，多くの人々がほんのわずかなお金で人生を過ごしています。その結果，彼らは十分な食べ物を食べられず，病気のときに医者に診てもらうこともできません。また，多くの子供たちは家族のために働かなくてはならないために学校に行くことができません。彼らは教育を受けることができませんから，よい仕事を得ることができません。彼らは長時間働いてほんのわずかなお金しかもらえないので，このことは彼らの暮らしをより厳しいものにします。貧しい親が貧しい子供を育て，それから貧しい子供たちもまた貧しい孫を育てているのです。こうした悪い状況を変えるために，開発途上国に学校を建てたり，貧しい人々に食べ物や衣類を与えたり，フェア・トレードの製品を買ったりといった行動をとることが必要です。

これらのことから，SDGsを理解することが私たちの幸せな暮らしを過ごすために大切なのです。私たちができることは限られています。しかし，私たちが何もしなければ，私たちの世界は決してよくなりません。SDGsはだれ1人として残さないという目標で，2030年までに世界中の人々がその目標を達成しようと努力しています。最近，SDGsは大人から子供まで多くの人々に知られてき

ました。私たちひとりひとりが日常生活の中でできることをしています。私たちの地球をよりよい場所にするために一歩一歩前に進むことが大切です。

(1) 空所を含む文の前では，地球温暖化が最大の環境問題の1つとして挙げられている。空所の直前は「将来もっと暑くなれば」という意味で，さらに気温が上がれば悪い方向になることが予測されるので，ア「私たちの暮らしはさらにひどくなるかもしれない」が適切。イ「私たちの暮らしは改善されるかもしれない」，ウ「私たちの暮らしはさらによくなるかもしれない」，エ「私たちの暮らしはさらに幸せになるかもしれない」はいずれもよい方向への変化を述べているので不適切。

(2) (A) 「私たちは店でレジ袋を使わない」と，後の「私たちはごみの量を減らすことができる」をつなぐのに適するのは if「(もし)～すれば」。 (B) 空所の前の「彼らは教育を受けることができない」は，空所のあとの「よい仕事を得ることができない」ことの理由になるので，so「だから」が適切。

重要 (3) The things we can do are limited. 「私たちができること」は，The things の後に we can do を続けて表す。things と we の間に関係代名詞が省略された形。これを主語にして，「限られている」を受動態＜be動詞＋過去分詞＞で表す。

基本 (4) 直前に前置詞(for)があることに着目する。前置詞の後に動詞を続けるときは動名詞(～ing形)にする。

(5) ア 「もとは日本政府が SDGs を始めた」(×) SDGsが始められた段階のことについては本文中で述べられていない。 イ 「SDGsは人々がよりよい暮らしを過ごすのに役立つ」(○) 第1段落第3文「SDGsは私たちが地球上で抱えているいくつかの問題を解決するのに役立つ」，最終段落第1文「SDGsを理解することが私たちの幸せな暮らしを過ごすために大切だ」などの記述に合う。 ウ 「SDGsは開発途上国の人々だけのための目標である」(×) 第2段落で述べられている環境問題のように，開発途上国に限った問題だけが SDGsの対象になっているわけではない。 エ 「私たちは2030年までに SDGs を達成できないだろう」(×) 最終段落第4文「SDGsはだれ1人として残さないという目標で，2030年までに世界中の人々がその目標を達成しようと努力している」から，SDGsはその達成に向けて努力が続けられている段階にあることがわかる。また，2030年までの達成が不可能だという予測については本文で述べられていない。

(6) 1 「地球温暖化を解決するためにはエネルギーを節約することが重要だ」(○) 第2段落最後の2文で，店でレジ袋を使わなければ，私たちはごみの量を減らすことができることを例に挙げて，そうすることで，エネルギーを節約し，温室効果ガスを減らすことができると述べていることと一致する。 2 「開発途上国の多くの子供たちは勉強する代わりに働かなくてはならない」(○) 第2段落第4文「(開発途上国の)多くの子供たちは家族のために働かなくてはならないために学校に行くことができない」と一致する。 3 「貧しい家族が裕福な家族へと貧しい状況を変えることは簡単だ」(×) 第3段落最後の2文に着目。貧しい親が貧しい子供を育て，その貧しい子供たちがまた貧しい孫を育てているという貧困の連鎖があることを述べ，そのような状況を変えるには開発途上国に学校を建てたり，貧しい人々に食べ物や衣類を与えたり，フェア・トレードの製品を買ったりする必要があると述べているので，貧しい状況を変えることは簡単だとは言えない。 4 「私たちの暮らしを改善するために，私たちはあまりやらない特別なことをやってみなくてはならない」(×) 最終段落最後の2文に着目。SDGs達成のために，私たちひとりひとりが日常生活の中でできることをしており，地球をよりよい場所にするために一歩一歩前に進むことが大切だと述べられている。特別なことをするのではなく，できることを少しずつすることが大切だということなので，一致しない。

② （会話文問題：文補充，語句補充，内容吟味）

（全訳） サトウ先生：今日は，エコツーリズムについてお話ししたいと思います。それは観光客にとってもそこに住む人々にとっても役立ちます。あなたたちはエコツーリズムがどこで始まったか知っていますか。

サトミ：[a]すみませんが，それについては知りません。でも，観光客を増やすよりも自分たちの自然と産業を守る方がよいからそれを始めたのだと思います。

サトウ先生：[b]それはよい点です。エコツーリズムを始めた国はコスタリカです。この国には多くの魅力的な場所があります。例えば，そこには多くの野生動物が住んでいます。なぜ野生動物を守らなくてはならないのでしょうか。

デイビッド：そのような自然を楽しむ観光客の数が増えるので，さらに多くのホテルや動物園を建てなければなりません。

サトミ：[c]言いたいことはわかりますが，あなたの意見には賛成しません。

サトウ先生：そうですね。実際，コスタリカのほとんどの人々は観光に関する仕事に就いています。次に，国内のエコツーリズムについて考えましょう。あなたたちは「パークアンドライド」という言葉を知っていますか。

デイビッド：うーん…少しだけ知っています。それは，都市の中心部の車の数が制限されるということです。

サトウ先生：それに，京都や奈良のようないくつかの地点では，訪問客に車を駐車場に停めてバスや電車などの公共の交通機関を使うように促しています。

サトミ：[d]その規則に興味があります。それについてもっと教えてください。

サトウ先生：そのような規則がなかったら，観光地へ向かう車は多くの二酸化炭素を排出するでしょう。

サトミ：わかりました。私たちは世界中の人々に自分たちの環境を(A)守って持続可能な経済を発展させるように促すべきですね。

重要 (1) 【a】 直前の「～を知っていますか」という質問への答えなので，「知らない」という内容を答えているイが適切。 【b】 直前でサトミが言った考えに対する返答が入る。また，最初にサトウ先生がたずねたエコツーリズムを始めた国を教えているウが会話の流れに合う。 【c】 直前のデイビッドの発言に対する返答が入る。デイビッドは観光客が増えればホテルや動物園も増やさなくてはならないと言っているが，サトミの最後の発言から，サトミは環境を守る方に関心が向いていることがわかるので，デイビッドの意見に同意しないというアが適切。 【d】 「パークアンドライド」についてのサトミの反応が入る。サトミの最後の発言から，環境の保護につながる規則には関心があると考えられるので，エが適切。

(2) 「～に関する」は related to ～ で表す。relate は「関連づける」という意味の動詞で，related はその過去分詞。

(3) 環境を保護することが大切だというのがサトミの考えであることから，protect「～を守る」を入れるとサトミの考えに合う文になる。use「使う」，build「建てる」，increase「増やす」。

(4) （全訳） 「私は観光客の数を(X)増やすことよりも環境を守ることの方がよいという意見に賛成だ。コスタリカには多くの野生動物が住んでいる。

もし私たちが彼らの自然を守らなければ，観光客はそれらを見に行けなくなるだろう。また，私は日本には「パークアンドライド」と呼ばれる(Y)規則があることを知った。私はすべての観光客にこれを知ってもらいたい。 (X) 最初のデイビッドとサトミのやりとりから，サトミは観光客を増やすことに反対の立場であることがわかる。また，サトミの最後の発言などから，サトミは環境を守るべきであると考えていることがわかる。この2点から，空所に increase「増やす」を入れるとサトミの考えに合う文になる。 (Y) 「パークアンドライド」について述べている部分。サトウ先生が最後の発言で「パークアンドライド」のことを「そのような規則」と言っていることから，空所には rule「規則」を入れるのが適切。

3 **(語句整序問題：現在完了，不定詞，関係代名詞)**

(1) How many comic books do they (have?) 「何冊」のように数を尋ねるときは<How many＋名詞の複数形>を使う。一般動詞 have を使う疑問文なので，その後に<do ＋主語＋動詞の原形>の語順を続ける。

(2) It has been rainy since (yesterday.) rainy は「雨が降っている」という意味の形容詞で，It is rainy. で「雨が降っている」という意味の文になる。雨が降っている状態が続いているということなので，これを継続を表す現在完了<have[has]＋過去分詞>にする。since は「(過去のある時)から」という意味で，yesterday の前に置く。

(3) (It is not) easy for me to write (a letter in English.) <It is ~ for ＋人＋ to ＋動詞の原形>「…することは(人)にとって~だ」の構文。<for ＋人>は to 以下の動作をする人を表し，<to ＋動詞の原形>の前に置く。

やや難 (4) The man who you met yesterday (is my father.) 「あなたが昨日会った男の人」は，the man の後に関係代名詞 who を置き，you met yesterday「あなたが昨日会った」を続けて表す。The man is my father.「その男の人は私の父だ」という文の主語 The man の後に who ~ yesterday が入った形。

(5) (My brother) bought a computer to play (games.) 「~するために」は不定詞<to ＋動詞の原形>で表し，bought a computer の後に置く。

4 **(会話文問題：語句補充，文補充，内容吟味)**

(全訳) ジョージ：ぼくは写真部に入っているんだ。木曽川の近くの美しい風景の写真を撮ることが好きなんだ。

カナ：どうやってそれらを使うのか私に教えてくれる？

ジョージ：合衆国に住んでいるぼくの両親に写真を送るか，ブログに投稿するよ。

カナ：スマートフォンを使うことは私たちが両親や友達と連絡をとるのに役立つわね。

ジョージ：それに，ぼくはブログを使うから，友達を作ったり思い出を分かち合ったりするのに便利だよ。

カナ：ササキ先生は，「人々は関係を作るためにスマートフォンを使います。それらは大いに私たちの役に立ちますが，何でもできるわけではありません」と言っているわ。ところで，あなたの日本語は上手になってきていると思うわ。

ジョージ：ぼくもそう思っているんだ。ぼくは学校やブログで友達とやりとりするときに日本語を使っているから，ぼくは日本語が上達したと思っているよ。ササキ先生は，「スマートフォンを使うことは役に立ちますが，とても注意して使う必要があります」とも言っているよ。【3】ブログにメッセージや写真を投稿するときに，ぼくは彼女の助言を思い出すようにしているんだ。

カナ：それはいいわね。十分な知識なしでスマートフォンを使うことは生徒にとって危険なこともあるわ。例えば，自分の個人情報が世界中にさらされてしまうかもしれない。

ジョージ：なるほど。人々はそれらの使い方を知るべきだと思うよ。

(1) ブログを使うことが友達を作るのに便利だという趣旨の文。同じように，ブログの利点を考えると，ブログを使うことによって memories「思い出」を他の人々と分かち合う，あるいは共有することができるという点が挙げられるので，「分かち合う，共有する」という意味の動詞 share が適する。

(2) 入れる文は，「ブログにメッセージや写真を投稿するときに，ぼくは彼女の助言を思い出すようにしている」という意味で，her がだれを指すかを考える。2人の対話に出てくる女性はササキ先生(Ms. Sasaki)だけなので，ササキ先生の言葉で助言に当たる内容のものを探すと，ジョージの4番目の発言の最後に「ササキ先生は，『スマートフォンを使うことは役に立ちますが，とても注意して使う必要があります』とも言っている」とある。この後の【3】に入れると話の内容がつながる。

(3) 1 「ジョージは木曽川の近くで撮った写真を合衆国の友達に送る」(×) ジョージの2番目の発言で，写真を合衆国に住んでいる両親に送ると言っているので一致しない。 2 「ササキ先生は，スマートフォンは関係を作るのに役立つが，それらは注意深く使われるべきだと言っている」(○) カナの3番目の発言とジョージの4番目の発言で引用されているササキ先生の発言の内容と一致する。 3 「カナは生徒がスマートフォンを使うことは危険だと思っている」(×) カナの最後の発言を参照。2番目のせりふで，カナは生徒がスマートフォンを使うことは危険だと言っているが，それは without enough knowledge「十分な知識なしで」という場合のことで，スマートフォンを使うこと自体が危険だと言っているわけではない。

★ワンポイントアドバイス★

4(2)のように本文中に文を入れる問題では，入れる文で使われている語句に着目しよう。同じ語句，同じような意味の表現が使われている箇所の前後に入る場合がほとんどなので，細かい意味がつかめなくても目安をつけることができる。

＜国語解答＞《学校からの正答の発表はありません。》

一 (一) 肯定 (二) ア 悪い意味 イ 良い意味 (三) ヤバい，オタク，伝統
(四) B イ C エ D ア (五) ウ (六) ア

二 (一) A ウ B オ C ア (二) イ (三) みんなにとっての理想そのもの(であること。) (四) 常識人めいたところ (五) イ (六) エ
(七) シニア俳優 (八) イ

三 (一) 午前六時 (二) ぞ (三) イ・エ (四) 紀貫之

四 (一) ① 監督 ② みね (二) ③ ウ ④ エ

○推定配点○

一 (二)・(三) 各4点×5 (六) 5点 他 各3点×5
二 (三)・(四)・(七) 各4点×3 (六)・(八) 各5点×2 他 各3点×5
三 (四) 3点 他 各4点×3((三)完答) 四 各2点×4 計100点

＜国語解説＞

一 (論説文－内容吟味，文脈把握，指示語，接続語，脱語補充，四字熟語)

(一) Aには，直前の「否定」の対義語である「肯定」があてはまる。

重要 (二) 「拘る」という言葉について説明している冒頭の3段落の内容から，アには「悪い意味(4字)」，イには「良い意味(4字)」がそれぞれ入る。

(三) ②の具体例として②の段落で「ヤバい」「オタク」，「『伝統』という……」で始まる段落で「伝統」という言葉を挙げている。

(四) Bは直前の内容とは相反する内容が続いているのでイ，Cは直前の内容を理由とした内容が続いているのでエ，Dは直前の内容を補足する内容が続いているのでアがそれぞれあてはまる。

基本 (五) Eには非常に短い時間のたとえであるウがあてはまる。アは一度きりの出会いや瞬間を大切にする心がまえを表す。イは数が多くても値段が非常にやすいこと。エは人の考え方などはそれぞれ違っているということ。オは非常に苦労すること。

やや難 (六) アは「もう少し……」で始まる段落，「『拘る』が……」で始まる段落で述べている。イの「見直されるようになった」は正しくない。ウの「『ゆとり』……からである」，エの「共通の……からである」も「拘る」が良いイメージになった理由なのでどちらも正しくない。

二 (小説－情景・心情，内容吟味，指示語，接続語，脱文・脱語補充，表現技法)

重要 (一) Aにははっきりした態度でという意味でウ，Bには残らずすべてという意味でオ，Cには落ち着いてあせらないさまを表わすアがそれぞれあてはまる。

(二) ①は「～のような」などを用いずに「目」を「黒曜石」にたとえているのでイが適当。アは文の最後を体言(名詞)で終わらせる技法。ウは「～のような」などを用いてたとえる技法。エは人ではないものを人に見立てて表現する技法。

(三) 「『ちがうわよ。……』」で始まるせりふで，紀子が「『正子ちゃんも真っ白な髪になれば，みんなにとっての理想そのものになれると思う』」と話してくれたことを受けて，②のように思っているので，②の「付加価値」は「みんなにとっての理想そのもの(14字)」である。

(四) ③前で描かれているように，③は正子の性格である「常識人めいたところ(9字)」のことである。

(五) ④は自分で自分の欠点などをあざ笑うこと。

(六) ⑤は「口をすぼめて，おどけた顔を作り，赤ちゃんの機嫌をとってあやしているような気がし」て，「視聴者に合わせたつもりになって目線を低く低く設定して」いるようなものなのでエが適当。⑤の段落内容ふまえていないアは不適当。イの「専門的な話題を避けて」，ウの「意識しようとしない」も不適当。

(七) ⑥は正子の女優としての役割ということで，「『ちがうわよ。……』」で始まるせりふで紀子が話している「シニア俳優(5字)」のことである。

(八) イは「染めるのを……」で始まる段落で書かれている。アの「名前を……なれる」，ウの「諦めるように……言った」，エの「若々しい役に選ばれる」はいずれも書かれていない。

三 (古文－内容吟味，語句の意味，品詞・用法，文学史)

〈口語訳〉 (一月)二十一日。午前六時ごろに出航する。他の人々が乗る船もみな出発する。これを見ると，春の海に，秋の木の葉が散っているようである。格別な祈願のせいだろうか，風も吹かず，すばらしい天気になって，漕いで行く。進んでいるうちに，(私たちに)使ってもらおうとして，ついて来る子がいて，その子が詠う船唄は，

やっぱり故郷の方を眺めてしまう，自分の父や母がいると思うと。帰ろうよ

と詠うのが胸を打つ。このように詠うのを聞きながら漕いで来ると，黒鳥という鳥が，岩の上に集まっている。その岩のもとに，波が白く打ち寄せている。船頭が言うことには，「黒鳥のところに，白い波を寄せる。」と言う。この言葉は，なんということもないが，文学的な秀句を言っているように聞こえた。(船頭という)身分に似つかわしくないので，心に留まるのだ。このように言いなが

ら進んでいくうちに，船君である人が，波を見て，「任国を出発して以来，海賊が報復をするかもしれないことを思う上に，海がまた恐ろしいので，頭もすべて白くなってしまった。七十歳，八十歳という老齢は，海の中に(その原因が)あるものだったのだなぁ。

私の髪に置いた雪(＝白髪)と磯辺に寄せる白波とどちらの(白さ)がまさっているか，沖つ島守よ船頭よ，(島守に代わって)答えよ。」

(一)　昔の時刻は，午前0時をはさんで前後1時間を十二支の「子」から始めて，2時間ごとに「丑」「寅」……と順番に割り振っていたので，「卯」は現在の「午前六時」の前後1時間になる。

重要　(二)　②の係りの助詞は「ぞ」で，係り結びの法則により文末が連体形の「ける」になっている。

やや難　(三)　③直前で「『海賊報いせむといふなることを思ふうへに，海のまた恐ろしければ』」と話しているので，イ・エが適当。③直前の内容をふまえていない他の選択肢は不適当。

基本　(四)　『土佐日記』の作者は紀貫之である。

四　(漢字の読み書き)

基本　(一)　①の「監」の1～7画は「臣」，「督」の9～13画は「目」であることに注意。②は山の高くそびえる頂上，また，その付近。

(二)　③「病棟」，ア「大統領」イ「倒壊」ウ「一棟」エ「当選」。　④「講演会」，ア「技巧派」イ「遺構」ウ「休耕地」エ「講習会」。

★ワンポイントアドバイス★

小説では，主人公の心情を変化とともに丁寧に追っていこう。

MEMO

大切なことはメモしておこうネ！

2022年度

入 試 問 題

2022年度

2022年度

誠信高等学校入試問題

【数　学】（40分）　＜満点：100点＞

1　次の(1)から(9)までの問いに答えなさい。

(1)　$6 \times 4 - 3^2 + (-2)^3$ を計算しなさい。

(2)　$\dfrac{3x+2}{2} - (x+2)$ を計算しなさい。

(3)　$(x^2+y^2)(x+y)(x-y)$ を展開しなさい。

(4)　$6x^2 - xy - 12y^2$ を因数分解しなさい。

(5)　$\dfrac{3\sqrt{2}}{2\sqrt{3}} - \dfrac{\sqrt{3}}{3\sqrt{2}} + \dfrac{1}{2\sqrt{6}}$ を計算しなさい。

(6)　方程式 $\dfrac{1}{3}x + \dfrac{1}{9} = \dfrac{1}{7}$ を解きなさい。

(7)　y は x の２乗に比例し，$x=2$ のとき $y=2$ である。また，x の変域が $-2 \leqq x \leqq 4$ のとき，y の変域は $a \leqq y \leqq b$ である。このとき，a，b の値を求めなさい。

(8)　376に偶数をかけて，自然数の２乗になるようにしたい。このような偶数のうち最も小さいものを答えなさい。

(9)　$2 < \sqrt{2n+1} < 3$ となるような，自然数 n の値をすべて求めなさい。

2　次の(1)から(3)までの問いに答えなさい。

(1)　大小２つのサイコロを同時に１回投げる。大きいサイコロの出た目の数を a，小さいサイコロの出た目を b とするとき，$\sqrt{ab}$ が整数になる確率を求めなさい。

(2)　右の図△ABCは正三角形で，DEを折り目にして，点Aが点Fに重なるように折る。
このとき，△DBF∽△FCEであることを証明せよ。

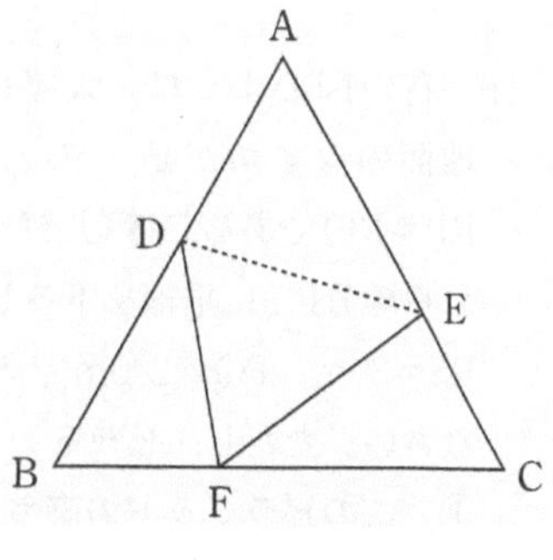

△DBFと△FCEで

仮定より，∠［　ア　］＝∠FCE……①

三角形の内角と外角の関係より，∠DFC＝∠BDF＋60°

また，∠DFC＝∠［　イ　］＋60°なので

∠BDF＝∠［　イ　］……②

①，②より，［　　ウ　　］ので

△DBF∽△FCE

(3)　よしこさんは，１本100円の清涼飲料水と１本120円のジュースを合わせて10本買い，代金とし

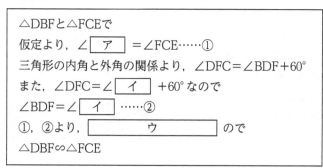

て1120円払った。清涼飲料水とジュースをそれぞれ何本買ったか求めなさい。

3　次の(1)から(4)までの問いに答えなさい。

(1)　右の図において，直線①は関数 $y=x$ のグラフであり，直線②は関数 $y=-x+4$ のグラフである。点Aは直線①と直線②との交点で，点Bは直線②と x 軸との交点である。原点をOとするとき，三角形AOBを辺OBを軸として１回転させたときにできる立体の体積を求めなさい。ただし，円周率を π とする。

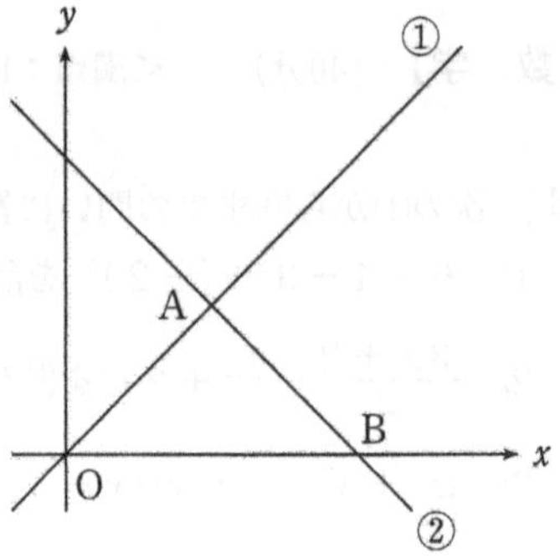

(2)　右の図のように，△ABCと△FECがあり，辺ABと辺EFの交点を点Dとし，点Eは辺BC上である。点Dが辺ABの中点で，点Eが辺BCの中点であるとき，鋭角である∠CFEの大きさは何度か求めなさい。

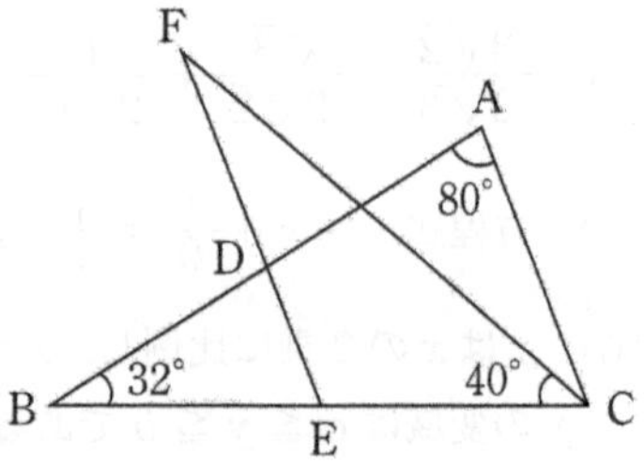

(3)　下の図で，点Cは，線分ABを直径とする半円Oの $\overset{\frown}{AB}$ 上にある点で，$\overset{\frown}{AC}>\overset{\frown}{BC}$ である。点Cにおける半円の接線と，線分ABをBの方向に延ばした直線との交点をDとする。点Eは，$\overset{\frown}{AC}$ 上にあり，点A，点Cとは一致しない。点Bと点E，点Cと点Eをそれぞれ結ぶ。∠BDC＝30°のとき，鋭角である∠BECの大きさは何度か求めなさい。

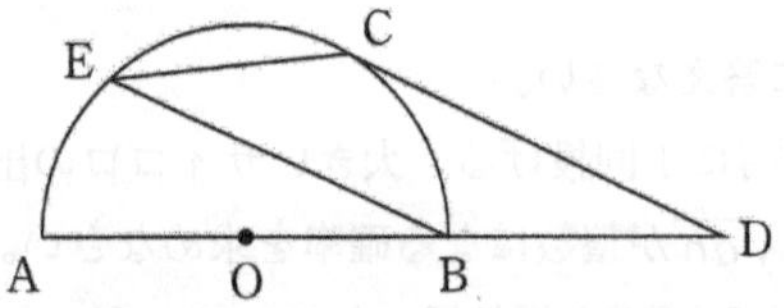

(4)　右の図のように，太陽の高度が45°（太陽光線と地面のなす角が45°）のとき，ピラミッドの影が，RP＝RQである二等辺三角形になった。点Sを点Rから線分PQに垂線を下ろした交点とする。
RS＝30m，PQ＝240mであるとき，次の問いに答えなさい。ただし，ピラミッドは正四角錐とする。

①　このピラミッドの高さを求めなさい。

②　このピラミッドの体積を求めなさい。

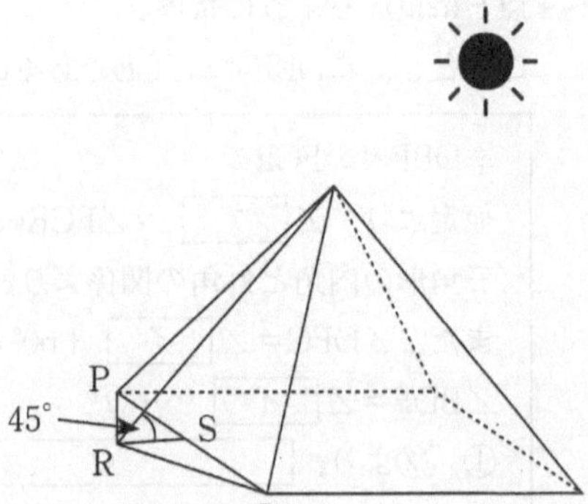

【英　語】（40分）　＜満点：100点＞

1　次の文章を読んで，あとの(1)から(6)までの問いに答えなさい。

Have you ever heard the word "diversity"? Diversity means the nature of many people or things that are very different from each other. We have started to accept diversity in a lot of fields these days. In the field of gender, many people used to think that men are like men, and women are like women, (A) now they think that both men and women are equal, and they have started to take the new gender-free idea "LGBT". Actually, in the field of education, ① [ア give / イ choose / ウ the chance / エ some schools / オ to / カ students] which school uniform they would like to wear. For example, girl students can decide to wear a skirt or slacks. Also, in the field of sports, a person born as a man was allowed to join the Tokyo Olympics as a woman, not a man.

On the other hand, some people cannot accept people who have different backgrounds such as gender, colors, and cultures. In Japan, it became a big problem that a famous former politician looked down on women at a meeting in February last year. His words gave a bad image to people all over the world. And then he decided to leave his job. A few years ago, in America, when an American black person was ②(catch) by white police officers, the black man was pushed violently on the ground. As a result, he died. The scene spread soon through SNS around the world, and not only American people but also people from different countries joined the movement "Black Lives Matter".

To create the society with different backgrounds, it is important for us to accept diversity. However, in a real world, we have not realized it yet. So what should we do to solve the problem about diversity? When we think about diversity, it is the most important thing that we use the power to imagine. (B) we take an action for someone, we should think about what he or she feels. If our action makes him or her sad, [③]. Do you know an English saying, "to put yourself in someone's shoes"? The word tells us to be in someone else's place. To live with people who have different ideas, we need to understand diversity and accept other people with a kind heart.

（注）diversity 多様性　nature 性質　gender 性　used to 以前はよく～したものだ
equal 平等な　LGBT レズビアン・ゲイ・バイセクシャル・トランスジェンダーの略
education 教育　skirt スカート　slacks スラックス　allow ～を許す，認める
background 背景　former 元～　politician 政治家　look down on ～を見下す
meeting 会議　police officer 警察官　violently 暴力的に　result 結果
SNS ソーシャル・ネットワーキング・サービスの略　Black Lives Matter 黒人の命も大事
society 社会　action 行動　saying ことわざ

(1) （A）（B）にあてはまる最も適当な語を，次のページのアからオまでの中から選んで，そのか

な符号を書きなさい。(文頭の文字も小文字で書いてあります。)

ア so　イ but　ウ though　エ because　オ before

⑵ 下線部①が「学校の中には生徒に選ぶ機会を与えているところがある」という意味になるように，[ ] 内のアからカまでの語（句）を並べかえ，そのかな符号を書きなさい。

⑶ 下線部②の（ ）内の語を正しい形にかえて書きなさい。

⑷ [③] にあてはまる最も適当な英語を，次のアからエまでの中から選んで，そのかな符号を書きなさい。

ア we should support the action.

イ we should keep the action.

ウ we should need the action.

エ we should stop the action.

⑸ 本文中では多様性についてどのように述べられているか，最も適当なものを，次のアからエまでの中から選んで，そのかな符号を書きなさい。

ア Diversity is important only in the field of gender.

イ People can accept different cultures and ideas by understanding diversity.

ウ There is no way to realize diversity now.

エ People cannot understand each other in the world of diversity.

⑹ 次の１から４までの文が，本文に書かれていることと一致していれば○，一致していなければ×を書きなさい。

1 Girls must wear skirt when they go to school.

2 All the people around the world accept diversity.

3 An American black man was killed by white police officers.

4 The word “to put yourself in someone’s shoes” means that you actually borrow his or her shoes.

[2] 以下の会話文を読んで，あとの⑴から⑷までの問いに答えなさい。

Father : Good morning. How do you like your new school? [1]

Daughter : Yes, Dad. I like it and my classmates are very nice to me.

Father : A lot of students at your school go to top high schools every year. I think the classes at your new school are hard enough and the teachers are strict enough to give you a lot of homework. [2]

Daughter : Sure. I want to go to my favorite high school, so the tough classes and a lot of homework will be good for me. The teachers are strict, but they are very helpful, so I think my new school will be good for me.

Father : Sounds great. And how’s your new life in Paris?

Daughter : I like my new life, ① but I (w　)(s　) that a lot of French people there spoke only French. When I got lost, I talked to some people in English, but they didn’t understand me.

Father　: Some of them can speak English, but ②[ア language / イ of / ウ are / エ they / オ proud / カ their]. So, even if they can speak English, they don't really like to speak English. [3]

Daughter : I see.

（注） a lot of　たくさんの　strict　厳格な　tough　骨の折れる　Paris　パリ
French　フランス人の，フランス語　even if　たとえ～であっても

⑴ 会話文として適当なものにするには，以下の一文を [1] ～ [3] のどこに入れたらよいか，その番号を書きなさい。

Have you made a lot of friends?

⑵ 下線部①が「しかし，私は驚きました」という意味になるように，（　）に最も適当な語を入れて，英文を完成させなさい。ただし，（　）内に文字が示されているので，その文字で始まる語を解答すること。

⑶ 下線部②が「フランス人たちは彼らの言語に誇りを持っている」という意味になるように，［　］内のアからカまでの語を正しい語順に並べ替え，２番目と４番目にくる語のかな符号を書きなさい。

⑷ 本文の内容に合う英文となるように，（X）と（Y）にあてはまる最も適当な語を書きなさい。

Many students at the daughter's school go to top high schools every year, so the classes are hard and the teachers are strict. But the daughter thinks her new school will be good because she (X) to go to her favorite high school.

The daughter likes her new life in Paris. She realized that many French people there spoke only French. The father said some of them are (Y) to speak English, but they don't really like to speak English.

[3] 次の⑴から⑸までの日本語の意味に合うように，（　）内の語（句）を正しい順序に並べかえ，そのかな符号を書きなさい。

⑴ 昨日，何時にあなたは寝ましたか。

（ア go　イ you　ウ time　エ what　オ did）to bed yesterday?

⑵ 私の夢は世界中を旅することです。

My dream（ア is　イ travel　ウ to　エ the　オ around）world.

⑶ 弟が帰ってきたとき，私はシャワーを浴びていました。

I was（ア my brother　イ when　ウ taking　エ a shower　オ got）home.

⑷ 私はこの競技場に今までに何度も訪れたことがあります。

I have（ア many　イ ever　ウ this　エ visited　オ stadium）times.

⑸ 彼には父がテニス選手である友達がいます。

He has a friend（ア a　イ is　ウ tennis　エ whose　オ father）player.

[4] ジョージ（George）と敦子（Atsuko）が会話をしています。次の会話文を読んで，あとの⑴から⑶までの問いに答えなさい。

George : What's the next class? Is the next class Math?

Atsuko : No. It's English grammar. Our teacher will be coming in a few minutes.

George : Oh, no. I don't like the class. ① Why do we (h　) to study English grammar? I think grammar classes are not very interesting.

Atsuko : ② I think [ア important / イ grammar / ウ to / エ it's / オ learn]. If you speak in broken English, nobody will understand you. Then, you will be in trouble in almost all the work.

George : You're right. I will do my best.

(注) grammar 文法　broken 正確ではない　be in trouble 困ってしまう

⑴ 下線部①の（ ）内に，最も適当な語を入れて，英文を完成させなさい。ただし，（ ）内に文字が示されているので，その文字で始まる語を解答すること。

⑵ 下線部②が「文法を学ぶことは重要だと思うよ」という意味になるように，[ ] 内のアからオまでの語を正しい語順に並べ替え，2番目と4番目にくる語のかな符号を書きなさい。

⑶ 次の1から3までの文が，本文に書かれていることと一致していれば○，一致していなければ×を書きなさい。

1 Atsuko thinks studying English grammar is important.

2 George doesn't like English grammar class because the teacher doesn't understand him.

3 George won't study English grammar very hard.

㈢ ③そのように思いがち　とあるが、いったいどのように思いがちなのか。本文中より三十二字で抜き出し、初めの五字を書きなさい（句読点、記号を含む）。

㈣ A にあてはまる最も適当なことばを、次のアからエまでの中から選んで、そのかな符号を書きなさい。

ア　例えば　イ　つまり　ウ　しかし　エ　そうして

㈤ ④抽象　の対義語として最も適当なものを、次のアからエまでの中から選んで、そのかな符号を書きなさい。

ア　具体　イ　特別　ウ　一般　エ　象徴

三

次の文章を読んで、あとの㈠から㈥までの問いに答えなさい。

①九月ばかり、夜一夜降り明かしつる雨の、今朝はやみて、朝日いとけざやかにさし出でたるに、前栽の露はこぼるばかり濡れかかりたるも、いと②をかし。透垣の羅文、軒の上などはかいたる蜘蛛の巣のこぼれ残りたるに、雨のかかりたるが、③白き玉を貫きたるやうなるこそ、いみじうあはれにをかしけれ。

少し日たけぬれば、萩などの、いと重げなるに、露の落つるに、枝うち動きて、人も手触れぬに、ふと上ざまへ上がりたるも、いみじうをかし。と言ひたることどもの、人の心には、④つゆをかしからじと思ふこそ、またをかしけれ。

（『枕草子』による）

㈠ ①九月　の月の異名をひらがなで書きなさい。

㈡ ②をかし　を現代かなづかいで書きなさい。

㈢ ③白き玉　とは何のことか。該当する語句を本文中から一語で抜き出して書きなさい。

㈣ ④つゆをかしからじと思ふこそ、またをかしけれ　から係助詞を抜き出して書きなさい。

㈤ この文章の作者を漢字で書きなさい。

㈥ この文章と同じジャンルの書物はどれか。最も適当なものを、次のアからエまでの中から選んで、そのかな符号を書きなさい。

ア　源氏物語　イ　大鏡　ウ　土佐日記　エ　方丈記

四

次の㈠、㈡の問いに答えなさい。

㈠ 次の①、②の文中の傍線部について、漢字はその読みをひらがなで書き、カタカナは漢字で書きなさい。

① 国外の事故でホウジンの安否確認を行う。

② 木の葉が風に揺れている。

㈡ 次の③、④の文中の傍線部と同じ漢字を用いるものを、あとのアからエまでの中から選んで、そのかな符号を書きなさい。

③ 法律案に強コウに反対する。

ア　コウ空機ショーを見物した。

イ　コウ外に住宅を購入した。

ウ　コウ貨で代金を支払った。

エ　ビールはコウ母の働きによって作られる。

④ 友人をカン誘して入会させた。

ア　古い部分を交カンする。

イ　カン心のある記事を切り抜く。

ウ　趣味はカン光地を巡ることです。

エ　カン善懲悪のお話の劇だ。

【国語】（四〇分）　〈満点：一〇〇点〉

一　※問題に使用された作品の著作権者が二次使用の許可を出していないため、問題を掲載しておりません。

（出典：小川糸『サーカスの夜に』による）

二　次の文章を読んで、あとの㈠から㈤までの問いに答えなさい。

大野晋氏の『日本語の年輪』という本によると、日本本来の言葉であるヤマト言葉には、今日われわれの言う「自然」、英語の「ネイチェア」にあたる言葉がかけているそうである。つまり、①古代の日本人には、「自然」を人間に対立するひとつの対象として捉える意識が存在していなかったらしい。その後、中国から「自然」という言葉を学んで、はじめて、人間を取り巻く事物、神羅万象の存在をはっきり意識するようになった。いやむしろ②その時はじめて、日本人にとって「自然」が誕生したと言ったほうが良いかもしれない。「自然」という言葉は、決して単にそれ以前から存在されていたものにたまたま与えられたひとつの名称ではなく、逆にそれまでは存在していなかった新しい現実を生み出すだけのちからを持った魔法の呪文のようなものであったと言ってもよい。

もともと言葉には、多かれ少なかれそのような魔力がある。われわれはきわめて単純に、子供が生まれたから親が名前をつけるように、ある現実が存在しているから、それに対応する名称を人間が考え出したのだと、③そのように思いがちである。［Ａ］、事実はもっとはるかに複雑な構造を持っている。言葉が逆に現実を生み出す場合もあるのである。

言うまでもなく言葉は、人間同士のあいだの思考伝達の手段として生まれた。例えば、馬とか牛とかいう言葉は、馬なり牛なりが人間に対して持っている有用性とか危険性とかについての自分の考えを他の人間に伝えるために生まれた。しかしながら、現実に人間にとってある関係を持つ馬なり牛なりは、つねにある特定の「この馬」であり、「あの牛」であって、決して「馬」「牛」という一般的存在ではない。多くの個々の「この馬」、「あの牛」から「馬」「牛」という一般概念を導き出すのは、人間の知性がもつ④抽象化の作用である。そのようにして導き出された「馬」「牛」は、もはや一個の抽象的概念であって、人間の頭にしか存在しない。それが現実の世界と交わるためには、ふたたび「この馬」「あの牛」という個別性の次元まで降りてこなければならない。個別性を離れた「馬」なるもの、「牛」なるものは、現実の世界に何の対応物も持たないのである。

（高階秀爾『芸術・狂気・人間―その実態と本質を探る』による）

㈠　①古代の日本人には、「自然」を人間に対立するひとつの対象として捉える意識が存在していなかった　とは具体的にどういうことか。本文中より五十四字で抜き出し、初めと終わりの五字を書きなさい（句読点、記号を含む）。

㈡　②その時はじめて、日本人にとって「自然」が誕生したと言ったほうが良いかもしれない　の理由として最も適当なものを、次のアからエまでの中から選んで、そのかな符号を書きなさい。

ア　日本人が初めて「自然」の中で誕生したから。

イ　「自然」が日本人の手によって生み出されたから。

ウ　日本人が「自然」という現象を認識したから。

エ　「自然」が「ネイチェア」だと日本人が認識したから。

2022年度

解　答　と　解　説

《2022年度の配点は解答欄に掲載してあります。》

＜数学解答＞《学校からの正答の発表はありません。》

[1]　(1)　7　(2)　$\frac{x-2}{2}$　(3)　x^4-y^4　(4)　$(2x-3y)(3x+4y)$　(5)　$\frac{5\sqrt{6}}{12}$

(6)　$x=\frac{2}{21}$　(7)　$a=0$，$b=8$　(8)　94　(9)　$n=2$，3

[2]　(1)　$\frac{2}{9}$　(2)　ア　DBF　イ　CFE　ウ　2組の角がそれぞれ等しい

(3)　(清涼飲料水)　4本　(ジュース)　6本

[3]　(1)　$\frac{16}{3}\pi$　(2)　28度　(3)　30度　(4)　①　150m　②　2880000m^3

○推定配点○

[1]　各6点×9　[2]　(1)　6点　(2)　各3点×3　(3)　6点(完答)　[3]　各5点×5

計100点

＜数学解説＞

基本 [1]　(正負の数，式の計算，因数分解，平方根，1次方程式，関数，数の性質)

(1)　$6\times4-3^2+(-2)^3=24-9-8=24-17=7$

(2)　$\frac{3x+2}{2}-(x+2)=\frac{3x+2-2(x+2)}{2}=\frac{3x+2-2x-4}{2}=\frac{x-2}{2}$

(3)　$(x^2+y^2)(x+y)(x-y)=(x^2+y^2)(x^2-y^2)=x^4-y^4$

(4)　$6x^2-xy-12y^2=(2x-3y)(3x+4y)$

(5)　$\frac{3\sqrt{2}}{2\sqrt{3}}-\frac{\sqrt{3}}{3\sqrt{2}}+\frac{1}{2\sqrt{6}}=\frac{\sqrt{6}}{2}-\frac{\sqrt{6}}{6}+\frac{\sqrt{6}}{12}=\frac{6\sqrt{6}}{12}-\frac{2\sqrt{6}}{12}+\frac{\sqrt{6}}{12}=\frac{5\sqrt{6}}{12}$

(6)　$\frac{1}{3}x+\frac{1}{9}=\frac{1}{7}$　$21x+7=9$　$21x=2$　$x=\frac{2}{21}$

(7)　$y=kx^2$に$x=2$，$y=2$を代入して，$2=k\times2^2$　$k=\frac{1}{2}$　よって，$y=\frac{1}{2}x^2$　yの最小値は$x=0$のとき$y=0$，最大値は$x=4$のとき$y=\frac{1}{2}\times4^2=8$　よって，$0\leqq y\leqq8$より，$a=0$，$b=8$

(8)　$376=2^3\times47$より，$2\times47=94$をかけると題意を満たす。

(9)　$2<\sqrt{2n+1}<3$より，$4<2n+1<9$　$3<2n<8$　$\frac{3}{2}<n<4$　これを満たす自然数nは2と3

[2]　(確率，相似の証明，方程式の利用)

重要 (1)　サイコロの目の出方の総数は，$6\times6=36$(通り)　このうち，題意を満たすのは，$ab=1$，4，9，16，25，36のときで，このようなa，bの値の組は，$(a,\ b)=(1,\ 1)$，$(1,\ 4)$，$(2,\ 2)$，$(3,\ 3)$，$(4,\ 1)$，$(4,\ 4)$，$(5,\ 5)$，$(6,\ 6)$の8通りだから，求める確率は，$\frac{8}{36}=\frac{2}{9}$

基本 (2)　△DBFと△FCEで，仮定より，∠DBF＝∠FCE＝60°…①　三角形の内角と外角の関係より，∠DFC＝∠BDF＋60°　また，∠DFC＝∠CFE＋∠DFE＝∠CFE＋60°なので，∠BDF＝∠CFE…②　①，②より，2組の角がそれぞれ等しいので，△DBF∽△FCE

(3)　清涼飲料水をx本，ジュースをy本買ったとすると，$x+y=10$…①　$100x+120y=1120$より，$5x+6y=56$…②　①×6−②より，$x=4$　これを①に代入して，$y=6$　よって，清涼飲料水を4本，ジュースを6本買った。

3 （図形と関数・グラフの融合問題，角度，空間図形）

重要　(1)　$y=x$と$y=-x+4$からyを消去して，$x=-x+4$　$2x=4$　$x=2$　よって，A(2, 2)　$y=-x+4$に$y=0$を代入して，$x=4$　よって，B(4, 0)　したがって，求める立体の体積は，$\frac{1}{3}\pi\times2^2\times4=\frac{16}{3}\pi$

重要　(2)　△ABCにおいて，∠ACF＝180°−80°−32°−40°＝28°　中点連結定理より，AC//DEだから，AC//FE　よって，平行線の錯角は等しいから，∠CFE＝∠ACF＝28°

基本　(3)　接点における半径と接線は垂直だから，∠OCD＝90°　△OCDにおいて，∠COD＝180°−90°−30°＝60°　$\overset{\frown}{BC}$の円周角だから，$\angle BEC=\frac{1}{2}\angle BOC=\frac{1}{2}\times60°=30°$

基本　(4)　①　ピラミッドの頂点をOとし，高さをOHとすると，△OHRは直角二等辺三角形だから，OH＝RH　Hは底面の正方形の対角線の交点だから，$HS=PS=QS=\frac{1}{2}PQ=\frac{1}{2}\times240=120$　よって，OH＝RH＝RS＋SH＝30＋120＝150(m)

基本　②　ピラミッドの体積は，$\frac{1}{3}\times240^2\times150=2880000$($m^3$)

★ワンポイントアドバイス★

出題構成や難易度に大きな変化はない。ほとんど独立小問なので，時間配分を考え，できるところからミスのないように慎重に解いていこう。

＜英語解答＞《学校からの正答の発表はありません。》

1　(1)　A　イ　B　オ　(2)　エ・ア・カ・ウ・オ・イ　(3)　caught　(4)　エ
(5)　イ　(6)　1　×　2　×　3　○　4　×

2　(1)　1　(2)　was surprised　(3)　2番目　ウ　4番目　イ
(4)　(X)　wants　(Y)　able

3　(1)　エ・ウ・オ・イ・ア　(2)　ア・ウ・イ・オ・エ　(3)　ウ・エ・イ・ア・オ
(4)　イ・エ・ウ・オ・ア　(5)　エ・オ・イ・ア・ウ

4　(1)　have　(2)　2番目　ア　4番目　オ　(3)　1　○　2　×　3　×

○推定配点○

各4点×25(1(2)，2(2)，3，4(2)各完答)　計100点

＜英語解説＞

1 （長文読解問題・説明文：語句選択補充，語句整序，語形変化，内容吟味）

（全訳）　あなたは「多様性」という言葉を聞いたことはありますか。多様性とは互いにとても異なる多くの人やものの性質という意味です。私たちは最近，多くの分野で多様性を受け入れ始めてきました。性の世界では，以前は多くの人々が男性は男性らしく，女性は女性らしいものだと考えたものでした(A)が，今では男性も女性も平等で，「LGBT」という新しい性的に自由な考え方を取り

入れ始めました。実際に，教育の分野では，学校の中には生徒たちに自分が着たい学校制服を選ぶ機会を与えているところがあります。たとえば，女子生徒はスカートかスラックスをはくことを決めることができます。また，スポーツの分野では，男性として生まれた人が男性ではなく，女性として東京オリンピックに参加することを認められました。

一方，性や肌の色や文化のような異なる背景を持つ人々を受け入れることができない人々もいます。日本では，ある有名な元政治家が去年2月の会議で女性を見下したことが大問題になりました。彼の言葉は世界中の人々に悪い印象を与えました。そしてそれから，彼は職をやめることにしました。数年前，アメリカでは，あるアメリカ人の黒人が白人の警察官に捕らえられたときに，その黒人男性は暴力的に地面に押さえつけられました。その結果，彼は死にました。その場面はSNS を通して世界中に広まり，アメリカの人々だけでなく異なる国々の人々もまた，「黒人の命も大事」という運動に参加しました。

異なる背景がある社会を作り出すには，多様性を受け入れることが私たちにとって重要です。しかし，現実の世界では，私たちはまだそれを実現していません。それでは，私たちは多様性に関する問題を解決するために何をするべきでしょうか。私たちが多様性について考えるとき，私たちが想像する力を使うことが最も重要です。私たちがだれかのために行動を起こす(B)前に，私たちはその人が感じていることについて考えるべきです。私たちの行動がその人を悲しませるならば，③私たちはその行動をやめるべきです。あなたは “to put yourself in someone’s shoes” という英語のことわざをご存じでしょうか。その言葉は私たちに他のだれかの立場に立つように言っています。異なる考え方の人と暮らしていくために，私たちは多様性を理解して，親切な心をもって他の人々を受け入れる必要があるのです。

(1) (A) 空所の前では，以前は多くの人々が男性は男性らしく，女性は女性らしいものだと考えたものだったと述べられ，空所の後では，今では男性も女性も平等だと対照的なことが述べられているので，逆接の接続詞 but が適切。 (B) 空所の前で述べられている，「私たちがだれかのために行動を起こす」ことは，空所の後に述べられている，「私たちはその人が感じていることについて考える」ことの後に行うべきことなので，「～する前に」の意味の接続詞 before が適切。

重要 (2) (Actually, in the field of education,) some schools give students the chance to choose (which school uniform they would like to wear.) 「～の中には…がある」は主語に some をつけて表す。some schools を主語にして，後に「生徒に選ぶ機会を与えている」という内容を続ける。「生徒に機会を与える」は<give ＋人＋もの・こと>の語順で表す。「自分が着たい学校制服を選ぶ機会」は，the chance の後に形容詞的用法の不定詞を続けて表す。

基本 (3) 直前にbe動詞 was，直後に<by ＋人>「(人)によって」があり，主語が an American black person「アメリカ人の黒人」であることから，受動態<be動詞＋過去分詞>にして，「あるアメリカ人の黒人が白人の警察官に捕らえられた」という意味の文にすると文脈に合う。catch の過去分詞は caught

(4) 私たちがだれかのためにある行動をする場合，「その行動がその人を悲しませるならば」という条件なので，そうした行動をやめるべきだという結論が適切。したがって，エが適切。ア「私たちはその行動を支持するべきだ」，イ「私たちはその行動を続けるべきだ」，ウ「私たちはその行動を必要とするべきだ」

(5) 筆者は最終文で，「異なる考え方の人と暮らしていくために，私たちは多様性を理解して，親切な心をもって他の人々を受け入れる必要がある」と述べている。この内容とほぼ同じことを述べているイ「人々は多様性を理解することによって異なる文化や考え方を受け入れることができる」が適切。ア「多様性は性の分野においてのみ重要だ」，ウ「現在は多様性を実現する方法がない」，エ「人々は多様性の世界で互いに理解しあうことができない」。

(6)　1「女の子は学校に行くときにスカートをはかなくてはならない」(×)　第1段落最後から2文目に，女子生徒が制服にスカートかスラックスを選べる学校の例が挙げられているので合わない。　2「世界のすべての人々が多様性を受け入れている」(×)　第2段落第1文に，性や肌の色や文化のような異なる背景を持つ人々を受け入れることができない人々もいることが述べられているので，合わない。　3「あるアメリカ人の黒人男性が白人の警察官に殺された」(○)　第2段落第5，6文の内容に合う。　4「“to put yourself in someone’ s shoes”という言葉は，実際に他人の靴を借りるという意味である」(×)　最終段落最後から2文目に，このことわざの意味として，「その言葉は私たちに他のだれかの立場に立つように言っています」と説明されているので合わない。

2　(会話文問題：文補充，語句補充，語句整序，内容吟味)

(全訳)　父親：おはよう。新しい学校はどうだい？　1友達はたくさんできたかい？

娘：ええ，お父さん。私は気に入っているし，クラスメートたちは私にとても親切にしてくれるわ。

父親：お前の学校の多くの生徒は毎年トップの高校に行っているよ。私はお前の新しい学校の授業は十分に大変で先生たちはたくさんの宿題を出すほど厳しいね。

娘：そうなの。私は大好きな高校に行きたいから，厳しい授業とたくさんの宿題は私にとっていいことだわ。先生たちは厳しいけれど，とても助けになるから，私の新しい学校は私にとっていいだろうと思うわ。

父親：それはいいね。そして，パリでの生活はどうだい？

娘：私は自分の新しい生活が気に入っているけれど，そこの多くのフランスの人たちがフランス語しか話さなかったので驚いたわ。私が道に迷ったとき，英語で何人かに話しかけたのだけど，私の言っていることがわからなかったの。

父親：何人かは英語を話すことができるだろうけれど，彼らは自分たちの言語に誇りを持っているんだ。だから，英語を話すことができても本当は英語を話したくないんだよ。

娘：わかったわ。

(1)「友達はたくさんできたかい？」という父親の発言が入る。新しい学校が気に入っていることや，クラスメートが親切にしてくれることを答えている最初の娘の発言の直前，空所 1 が適切。他の空所の前後では，友達に関する話題になっていないので不適切。

(2)「驚く」は be surprised で表す。過去のことを言っているので，be動詞は主語 I に合わせて was を用いる。

重要　(3)　(…, but) they are proud of their language.「～に誇りを持っている」は be proud of ～ で表す。

(4)　(全訳)「娘の学校の多くの生徒は毎年トップの高校へ行っているので，授業は大変で先生たちは厳しい。しかし，娘は大好きな高校へ行きXたいので，自分の新しい学校はよいと思っている。娘はパリでの新しい生活が気に入っている。彼女はそこの多くのフランスの人々がフランス語しか話さないことに気づいた。父親は，彼らの中には英語を話すことがYできる人もいるが，彼らは本当は英語を話したくないのだと言った。」　(X)　娘の2番目の発言を参照。娘は大好きな学校に行きたいので，大変な授業やたくさんの宿題，厳しい先生たちは自分にとってよいと思っていることが述べられている。空所には，「大好きな高校に行きたい」という文意になるように，<want to ＋動詞の原形>の want を入れるが，主語が3人称・単数の she で現在の希望を述べているので want に s をつけることに注意する。 (Y) 父親の4番目の発言の第1文 Some of them can speak English「彼ら(＝パリの多くのフランス人)の中には英語を話すことができる人もいる」を参照。can をほぼ同じ意味の<be able to ＋動詞の原形>を用いて表す。

3 (語句整序問題：不定詞，進行形，接続詞，現在完了，関係代名詞)

(1) What time did you go (to bed yesterday?) 「何時に」は what time で表す。一般動詞を使う疑問文なので，What time の後に<did ＋主語＋動詞の原形>を続ける。

(2) (My dream) is to travel around the (world.) 「私の夢は～することです」という文。My dream is ～. の形の文になる。「旅すること」は名詞的用法の不定詞 to travel で表し，is の後に続ける。

(3) (I was) taking a shower when my brother got (home.) 「シャワーを浴びていた」は，過去のある時点で行っていた動作を表す過去進行形<be動詞の過去形＋動詞の～ing形>で表す。「～するとき」は when の後に my brother got home「弟が帰ってきた」を続けて表す。

やや難 (4) (I have) ever visited this stadium many (times.) 「～したことがある」は現在完了<have[has]＋過去分詞>で表す。「何度も」は many times で表し，文末に置く。ever「今までに」は have と過去分詞の間に置く。

(5) (He has a friend) whose father is a tennis (player.) He has a friend「彼には友達がいる」の friend を，関係代名詞 whose を使って後ろから修飾する。whose は所有格の関係代名詞で，whose father で「その友達の父」ということを表す。

4 (会話文問題：語句補充，語句整序，内容吟味)

(全訳) ジョージ：次の授業は何？ 次の授業は数学？

敦子：いいえ。英文法よ。私たちの先生が数分で来るわ。

ジョージ：ああ，いやだ。ぼくはその授業が好きではないんだ。どうしてぼくたちは英文法を勉強しなくてはならないんだろう？ ぼくは文法の授業はあまりおもしろくないと思うよ。

敦子：私は文法を学ぶことは大切だと思うわ。あなたがくだけた英語で話したら，だれもあなたの言うことがわからないわ。それから，あなたはほとんどすべての仕事で困るでしょう。

ジョージ：君の言うとおりだ。全力を尽くすよ。

(1) 主語 we の前に do があることから，一般動詞が入ることがわかる。また，空所の直後に to study とあることから，「～しなくてはならない」<have[has] to ＋動詞の原形>にすると文意が成り立つ。

(2) (I think) it' s important to learn grammar. I think (that) ～.「私は～だと思う」の後に，「～することは…だ」<It is ～ to ＋動詞の原形>を続ける。

(3) 1 「敦子は英文法を勉強することは大切だと思っている」(○) 敦子の2番目の発言内容に合う。 2 「ジョージは，先生が彼の言うことを理解しないので，英文法の授業が好きではない」(×) ジョージは2番目の発言で英文法の授業が好きではないと言っているが，その理由について，先生が自分の言うことを理解してくれないとは言っていない。 3 「ジョージはあまり一生懸命に英文法を勉強しないつもりだ」(×) ジョージは最後の発言で，敦子が英文法の勉強は大切だと言ったことを認めて，全力を尽くすと言っているので合わない。

★ワンポイントアドバイス★

2(1)は話題になっていることに着目しよう。父親が友達ができたかどうかを尋ねているので，娘が学校の友達について答えている箇所を探すと正確に文を入れる場所をつかむことができる。

＜国語解答＞《学校からの正答の発表はありません。》

一 (一) イ　(二) ウ　(三) ア　(四) 週末売れ残ったドーナツ　(五) エ
(六) エ　(七) 欠点　(八) 3　(九) ウ

二 (一) 日本本来の～かけている　(二) ウ　(三) ある現実が　(四) ウ
(五) ア

三 (一) ながつき[ながづき]　(二) おかし　(三) 雨　(四) こそ
(五) 清少納言　(六) エ

四 (一) ① 邦人　② ゆ　(二) ③ ウ　④ エ

○推定配点○

一 (一)・(二)・(五)・(七) 各4点×4　他 各5点×5
二 (三)・(四) 各4点×2　他 各5点×3
三 各4点×6　四 各3点×4　計100点

＜国語解説＞

一 (小説－情景・心情，内容吟味，指示語，接続語，脱文・脱語補充，表現技法)

(一) Aには，まっすぐに立ち，緊張して身動きしない姿勢という意味のイがあてはまる。アは一つ一つの動作やふるまい。ウはひとりぼっちで助けのないさま。エは深く感動して，しみじみとすること。

(二) Bには，直前の内容から予想される内容とは逆の内容が続いているのでウがあてはまる。

(三) ①の「つむじ風」は，比喩的にすばやくて激しい動きを表すのでアが適当。

(四) ②の説明として直後で「週末売れ残ったドーナツ(11字)」が積み上げられていたことが描かれている。

基本 (五) ③は「僕」の声を「ような」を用いて「ネズミ」の声にたとえているのでエが適当。アは文末を体言(名詞)で終わらせる技法。イは「～ような」などを用いずに他のものにたとえる技法。ウは人間ではないものを人間に見立てて表現する技法。

(六) ④前で，チョコレートケーキをコックに勧められて食べたが，食べたことを団長に指摘されたことで「断ればよかった」という「僕」の心情が描かれているので，エが適当。④前の「僕」の心情を踏まえ，後悔していることを説明していない他の選択肢は不適当。

(七) ⑤後の「僕」の心情にあるように，⑤を言い換えていることばは「欠点」である。

やや難 (八) 抜いてある一文の「好意」は，コックが「僕」にだけチョコレートケーキをくれたことを指し，「甘い物が苦手なのだ」ということの続きとして，3が適当。

重要 (九) ウは冒頭の場面で描かれている。アの「コックに推薦状を書いてもらい」，イの「団長の葉巻を……憧れた」，エの「ドーナツを食べながら」はいずれも描かれていないので不適当。

二 (論説文－内容吟味，文脈把握，指示語，接続語，対義語)

重要 (一) ①は直前の「日本本来の言葉であるヤマト言葉には，今日われわれの言う『自然』，英語の『ネイチェア』にあたる言葉がかけている(54字)」ということを言い換えた内容になっている。

やや難 (二) ②直前で述べているように，②は「……『自然』という言葉を学んで，はじめて，人間を取り巻く事物，神羅万象の存在をはっきり意識するようになった」ことなので，このことを踏まえたウが適当。「事物，神羅万象の存在をはっきり意識するようになった」ことを説明していない他の選択肢は不適当。

(三) ③は直前の「ある現実が存在しているから，それに対応する名称を人間が考え出した(32字)」ということを指している。

基本 (四) Aには，直前の内容とは相反する内容が続いているのでウがあてはまる。

(五) いくつかの事物に共通なものを抜き出して，それを一般化して考えるさまという意味の④の対義語は，個々の事物に即してはっきりとした実体を備えているさまという意味のアである。

三 (古文－内容吟味，漢字の読み，品詞・用法，仮名遣い，文学史)

〈口語訳〉 九月ごろ，一晩中明け方まで降り続いた雨が，今朝はやんで，朝日がとても際立って差し始めたときに，庭に植えた草木の露がこぼれ落ちるほど濡れかかっているのも，とても趣がある。透垣の羅文や，軒の上などにかかった蜘蛛の巣が破れ残っているものに，雨のかかっているのが，白い玉を(蜘蛛の糸で)貫いているようであるのが，とても風情があって趣深い。

少し日が高くなると，萩などで，(露がたくさんついて)とても重たそうであるものに，露が落ちると，枝が少し揺れ動いて，人が手を触れないのに，急に上の方へ跳ね上がったのも，とても趣がある。と(私が)言ったことなどが，他の人の心には，少しも趣深くないのだろうと思うことが，また面白い。

重要 (一) ①の異名は「長月(ながつき，ながづき)」である。ひらがなで書くことに注意。

基本 (二) 歴史的かなづかいの「ゐ・ゑ・を」は現代かなづかいでは「い・え・お」になるので，「をかし」→「おかし」となる。

(三) ③は「蜘蛛の巣が破れ残っているものに，雨のかかっているのが，白い玉を(蜘蛛の糸で)貫いているようである」ということなので，③は「雨」のことである。

やや難 (四) ④は係助詞「こそ」があるので，係り結びの法則により，文末が已然形「けれ」で結ばれている。

(五) 『枕草子』の作者は「清少納言」である。

(六) 『枕草子』とエのジャンルは随筆。アは長編物語，イは歴史物語，ウは紀行文。

四 (漢字の読み書き)

基本 (一) ①は日本人，とくに外国にいる日本人のこと。②の音読みは「ヨウ」。熟語は「動揺」など。

重要 (二) ③「強硬」，ア「航空機」イ「郊外」ウ「硬貨」エ「酵母」④「勧誘」，ア「交換」イ「関心」ウ「観光地」エ「勧善懲悪」

★ワンポイントアドバイス★

小説では，誰の視点で描かれているかを確認し，その視点を通した心情であることを読み取っていこう。

MEMO

大切なことはメモしておこうネ！

2021年度

入試問題

2021年度

誠信高等学校入試問題

【数　学】（40分）　＜満点：100点＞

[1] 次の(1)から(9)までの問いに答えなさい。

(1) $(-4^2)\times(-5)+8\div(-2)$ を計算しなさい。

(2) 方程式 $\dfrac{x-8}{10}=1-\dfrac{x}{5}$ を解きなさい。

(3) $2\sqrt{24}+\dfrac{6}{2\sqrt{6}}-3\sqrt{54}$ を計算しなさい。

(4) $32xy-4x^2-64y^2$ を因数分解しなさい。

(5) 方程式 $(x+1)(x+2)=-2x-1$ を解きなさい。

(6) $\sqrt{24a}$ が整数となるような正の整数 a のうち，最小の数を求めなさい。

(7) 大小2つの自然数がある。その和が9で差が5のとき，この2つの自然数を求めなさい。

(8) ある工場でつくった製品から，50個の製品を無作為に抽出して調べたとき，その中の2個が不良品であった。この工場でつくった製品が1200個であるとき，およその不良品の数は，何個になるか求めなさい。

(9) $l /\!/ m$ のとき，x の角度を求めなさい。

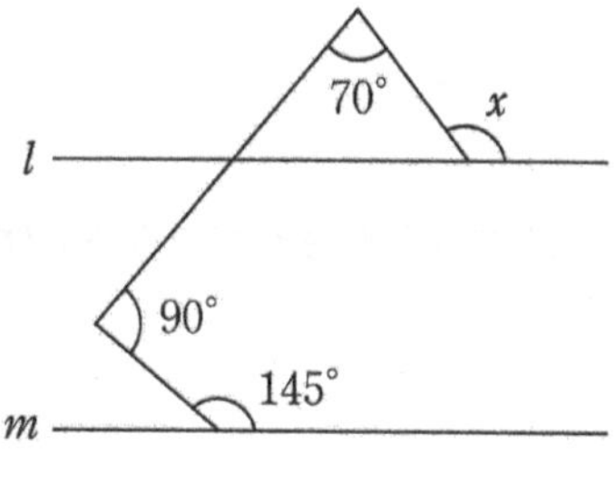

[2] 次の(1)から(3)までの問いに答えなさい。

(1) ある月のカレンダーの数字を下の図のように5個1組になるように囲う。図は，中央の数が9のときの例である。これについて，次の問いに答えなさい。

日	月	火	水	木	金	土
	1	2	3	4	5	6
7	8	9	10	11	12	13
14	15	16	17	18	19	20
21	22	23	24	25	26	27
28	29	30	31			

① 中央の数が12になるように囲むとき，5個の数の和を求めなさい。

② 中央の数を n として，5個の数の和を n を使った式で表しなさい。

(2) 大小２つのサイコロを同時に１回だけ投げる。大きいサイコロの目を x，小さいサイコロの目を y として座標平面上にＰ（x，y）をとる。次の問いに答えなさい。

① x，y がともに同じ目である確率を求めなさい。

② 点Ｐが $y=x+1$ 上にある確率を求めなさい。

③ 右の図で３点Ａ（5，6），Ｂ（6，0），Ｃ（0，1）である。点Ｐが△ABCの内部にある確率を求めなさい。ただし直線上の座標は含まないものとする。

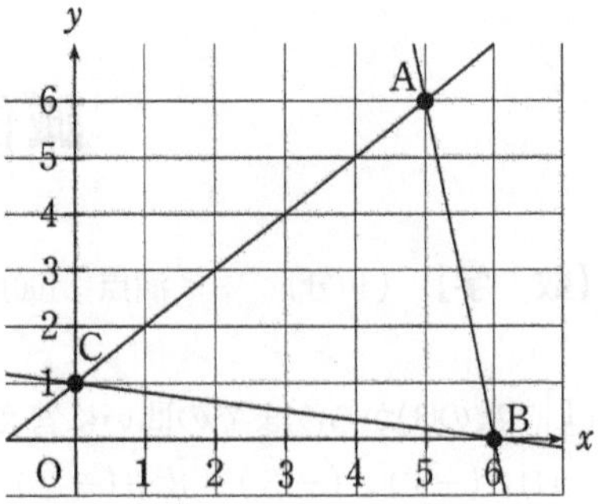

(3) 容器Ａには濃度８％の食塩水が100ｇ，容器Ｂには濃度３％の食塩水が100ｇ入っている。今，Ａの食塩水40ｇを取って捨て，Ｂの食塩水40ｇをＡに入れてかき混ぜた後，Ａの食塩水40ｇをＢに入れてよくかき混ぜたとき，Ｂの食塩水の濃度は何％か求めなさい。

3 次の(1)から(4)までの問いに答えなさい。

(1) 関数 $y=-2x^2$ 上に２点Ａ，Ｂをとる。点Ａの x 座標が−1，点Ｂの x 座標が２のとき，次の問いに答えよ。

① 直線ABの方程式を求めなさい。

② y 軸上の負の部分に点Ｃをとる。△ABOと△ACOの面積が等しくなるときの点Ｃの座標を求めなさい。

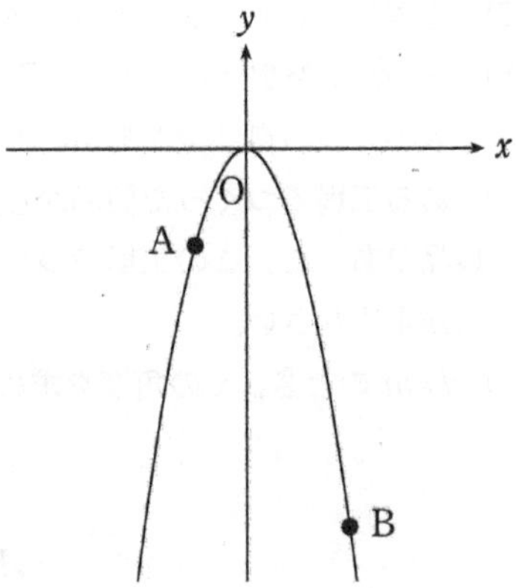

(2) 下の図のような図形を ℓ を軸として１回転させてできる立体の表面積を求めなさい。

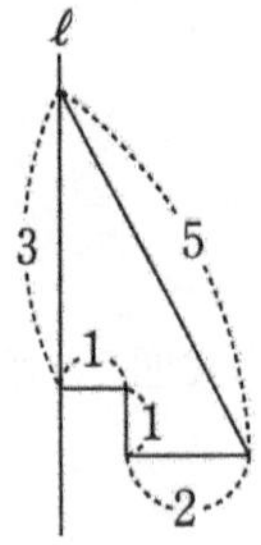

(3) 下図のような正五角形と２本の平行線があるとき，x の角度を求めなさい。

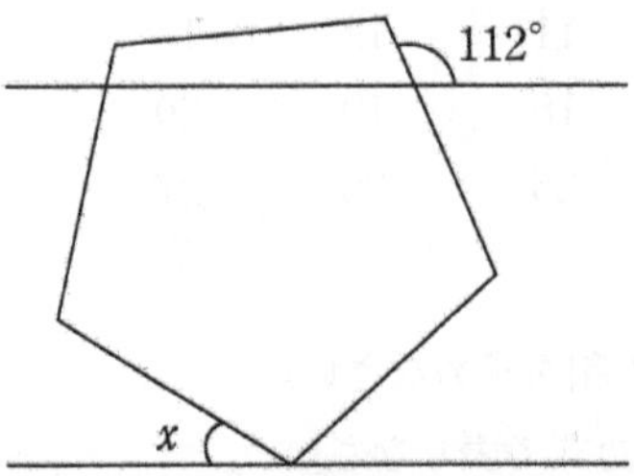

(4) 下の図において，△BADと△BCEは直角二等辺三角形で，点A，B，Cは同じ直線上にある。このとき，AE＝CDである。このことを三角形の合同を用いて最も簡潔な手順で証明するとき，空欄①から④に最も適した記号やことばを入れなさい。

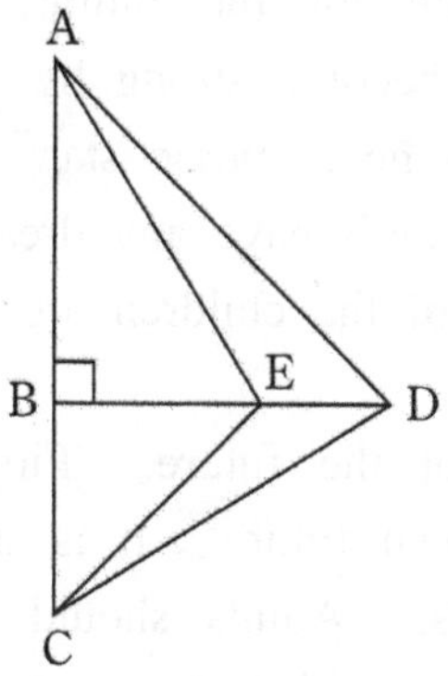

証明）△ABEと△DBCにおいて，

△BADは二等辺三角形なので

□…①

△BCEは二等辺三角形なので

□…②

AC⊥DBなので

□＝90°…③

①，②，③より□…④ので△ABE≡△DBC

よって合同な図形の対応する辺は等しいので，AE＝CD

【英　語】（40分）　＜満点：100点＞

1　次の文章を読んで，あとの(1)から(6)までの問いに答えなさい。

Do you have any dreams? Do you have any hope for the future? It is wonderful to have dreams and hope because people can become strong by ① doing so. Some children have big dreams such as "I want to be a movie star." and "I want to help poor people around the world.", but others don't have any dreams and hope for the future. According to a survey, about 70% of the children are worried about their own future. Why does this happen?

There are several reasons for children to worry about the future. First, it is thought that many adults do not look forward to their own future. It is said that children often see adults, especially parents and teachers. Adults should be role models for children. ②[ア what / イ adults / ウ happen / エ will / オ expect / カ if / キ cannot] in the future, children will also have negative feelings in the future.

Second, many children do not have confidence in themselves. They are afraid of making mistakes, so they may give up doing their best (A) their dreams come true. To win confidence, however, they need to keep trying until they are successful. No one can realize his or her dream without making any mistakes. For example, Ichiro, a former professional baseball player, made about 4,000 hits but he even missed over 8,000 times before then. Children should understand these points: "It is not bad to make mistakes. The worst thing is to give up challenging on the way."

Finally, many children are worried about their future jobs. According to another survey, about 50% of the present jobs will be lost in 10 to 20 years because robots and AI will change about half the present jobs into automatic ones. This condition is useful for the future, (B) it means that the number of jobs by humans will decrease. When children grow up, what kind of jobs can they find? No one will be able to answer this question.

However, as Walt Disney said, "If you can dream it, you can do it." To have a dream makes children's future bright. Though a lot of children may be worried about their future, nobody knows about his or her future. Children can make their lives ③(well) by themselves, so remember "keep trying and never give up until your dreams come true!"

（注）according to　～によると　survey　調査　adult　大人　expect　～を期待する
role model　ロールモデル（模範となる人）　negative　否定的な　confidence　自信
realize　～を実現する　former　元～　professional　プロの　challenge　挑戦する
present　現在の　AI　人工知能　automatic　自動化の　decrease　減少する
as　～のように　Walt Disney　ウォルト・ディズニー（ディズニーの生みの親）

(1) 下線部① doing so は具体的に何を表しているか，次のアからエまでの中から選んで，そのかな符号を書きなさい。

ア 将来について心配すること

イ 失敗をすること

ウ 夢や希望を持つこと

エ 挑戦し続けること

(2) 下線部②が「もし大人たちが，何が起こるか期待できないならば」という意味になるように，［ ］内のアからキまでの語を並べかえ，そのかな符号を書きなさい。（文頭の文字も小文字で書いてあります。）

(3) （A）（B）にあてはまる最も適当な語を，次の5つの語の中から選んで書きなさい。

because after before if but

(4) 下線部③が「より良く」という意味になるように，（ ）の語を正しい形にかえて書きなさい。

(5) 本文中では夢を実現するために何が重要だと述べられているか，次のアからエまでの中から選んで，そのかな符号を書きなさい。

ア It is important to make a lot of money.

イ It is important to study hard.

ウ It is important to sleep well.

エ It is important to continue trying.

(6) 次の1から4までの文が，本文に書かれていることと一致していれば○，一致していなければ×を書きなさい。

1 Many children don't want to make mistakes.

2 All the children have a big dream for the future.

3 Successful people have never made any mistakes.

4 Children's future will be bright if they have their own dream.

［2］ 以下の会話文を読んで，あとの(1)から(4)までの問いに答えなさい。

Daughter : Dad, do we have any cabbages?

Father : Yes, ① I think [ア some / イ are / ウ the kitchen / エ in / オ there]. But, ［ 1 ］ When you come home from school, you usually ask me cakes, not cabbages.

Daughter : Well...our class at school has a turtle named Crush. We have to take turns feeding it. This week, it was my friend Tatsuya's turn, but when he gave it feeds this morning, he forgot to close the cage. And ② Crush (h　　) escaped from the cage.

Father : ［ 2 ］ But, I guess somebody found it so you're asking for cabbages.

Daughter : No! The whole class looked for it for two hours. But anyone couldn't find it. Our teacher said that it was hiding.

Father : So you want to take some food to school tomorrow to help catch it, right?

Daughter : Yes!
Father : OK. I understand it. [3]
Daughter : Thanks, Dad.

(注) cabbage キャベツ turtle カメ take turn feeding 交代でえさをやる turn 順番
feed えさ cage おり escape 逃げる hide 隠れる

(1) 次のアからウまでの英文を，会話文中の [1] から [3] までのそれぞれにあてはめて，会話の文として最も適当なものにするには，[1] と [3] にどれを入れたらよいか，そのかな符号を書きなさい。ただし，いずれも一度しか用いることができません。

ア That's too bad.　イ What's going on?
ウ I hope you'll do your best.

(2) 下線部①が「キッチンにいくつかあると思うよ」という意味になるように，[ ] 内のアからオまでの語（句）を正しい語順に並べかえ，2番目と4番目にくる語（句）のかな符号を書きなさい。

(3) 下線部②の（ ）に最も適当な語を入れて，英文を完成させなさい。ただし，（ ）内に文字が示されているので，その文字で始まる語を解答すること。

(4) 本文の内容に合う英文となるように，（X）と（Y）に当てはまる最も適当な語を書きなさい。

The girl's class at school has a pet turtle named Crush. But it escaped this morning. (X) classmates looked for it, but no one (Y) find it. Her classroom teacher said that it was hiding. So she want to take cabbages to school tomorrow to catch it.

[3] 次の(1)から(5)までの日本語の意味に合うように，（ ）内の語を正しい順序に並べかえ，そのかな符号を書きなさい。

(1) 私の家族は今年の夏，キャンプをする予定です。
My family (ア go イ is ウ going エ camping オ to) this summer.

(2) 私は彼女を子供のときから知っています。
I have (ア was イ she ウ her エ since オ known) a child.

(3) 彼はこの手紙を昨夜書きました。
This (ア him イ letter ウ was エ by オ written) last night.

(4) 彼女は今日，自分の部屋を掃除しなくてもいい。
She (ア her イ have ウ doesn't エ to オ clean) room today.

(5) 私は今朝，駅へ向かって走っている男の人を見かけた。
I saw a (ア station イ running ウ to エ the オ man) this morning.

[4] ピーター（Peter）と舞子（Maiko）が会話をしています。次の会話文を読んで，あとの(1)，(2)の問いに答えなさい。

Peter : The line is long. This must be a very good sushi shop!
Maiko : This shop is great. I come here about twice a month. Have you ever tried sushi?

Peter　: Many times. I'm from New York City. Sushi shops have been popular there for a long time.

Maiko : I knew sushi was popular, but I didn't know that the city had sushi shops.

Peter　: ① The (n　　) of sushi shops is increasing there. At first, Americans didn't eat raw fish. And some said sushi does not look good. So some shops changed the traditional recipe a little, and ② some even made new sushi styles, (l　　) California rolls.

Maiko : Interesting.

Peter　: Oh look! Two open seats. Let's go in!

Maiko : Great! Our conversation has already made me hungry!

（注） line　行列　　must　～に違いない　　raw　生の　　California rolls　カリフォルニアロール
conversation　会話

(1) 下線部①，②の（　）内に，最も適当な語を入れて，英文を完成させなさい。ただし，（　）内に文字が示されているので，その文字で始まる語を解答すること。

(2) 次の1，2の文が，本文に書かれていることと一致していれば○，一致していなければ×を書きなさい。

1　Peter has never eaten sushi.

2　Peter and Maiko become hungry after the conversation.

ア　アフリカゾウを間近でみることができた。
イ　年々大雨の回数がゾウ加傾向にある。
ウ　彼はゾウ器移植により命が助かった。
エ　有名な仏ゾウを拝む。

④　いざというときのために薬をジョウ備しておく。
ア　ジョウ昇気流に乗って高く飛ぶ。
イ　古い機械だったが正ジョウに動いた。
ウ　友人とジョウ談を言いあって楽しんだ。
エ　現ジョウをしっかり把握することが大切だ。

ア　我々も広大な宇宙の一部しか知らないから。
イ　我々は、宇宙や太陽のことをよく知っているから。
ウ　我々はいままで宇宙について何一つ考えてくることがなかったから。

(六)　[A]と[B]にあてはまる最も適当なことばを、次のアからウまでの中からそれぞれ選んで、そのかな符号を書きなさい。
ア　こうして
イ　ですから
ウ　でも

三

次の文章を読んで、あとの(一)から(六)までの問いに答えなさい。

その春、世の中いみじう騒がしうて、まつさとの渡りの月影あはれに見し乳母《めのと》も、①三月一日に亡くなりぬ。せむ方なく思ひ嘆くに、物語の②ゆかしさもおぼえずなりぬ。いみじく泣き暮らして見出したれば、夕日の③いとはなやかにさしたるに、桜の花の残りなく散り乱る。

散る花も
また来む春は
④見もやせむ
やがて別れし
⑤人ぞ恋しき

（『更級日記』による）

(一)　①三月の月の異名を漢字で書きなさい。

(二)　②ゆかしさもおぼえずなりぬ の現代語訳として最も適当なものを、次のアからエの中から選んで、そのかな符号を書きなさい。
ア　楽しさを覚えていない。
イ　読みたいと思う気持ちも感じなくなってしまった。
ウ　書いてみたいという気持ちが浮かばなくなってしまった。
エ　おかしい話だということも忘れてしまった。

(三)　③いと の現代語訳として最も適当なものを、次のアからエまでの中から選んで、そのかな符号を書きなさい。
ア　あまり　　イ　たいそう
ウ　まるで　　エ　おそらく

(四)　④見もやせむ に使われている表現技法を書きなさい。

(五)　⑤人 とは誰のことを指すのか。文中から漢字二字で抜き出して書きなさい。

(六)　「更級日記」の作者として最も適当なものを、次のアからエまでの中から選んで、そのかな符号を書きなさい。
ア　菅原孝標女　　イ　紫式部
ウ　清少納言　　エ　兼好法師

四

次の(一)、(二)の問いに答えなさい。

(一)　次の①、②の文中の傍線部について、漢字はその読みをひらがなで書き、カタカナは漢字で書きなさい。
①　ビサイな粉が部屋中に舞っている。
②　皆勤賞を目標に努力した。

(二)　次の③、④の文中の傍線部と同じ漢字を用いるものを、あとのアからエまでの中から選んで、そのかな符号を書きなさい。
③　過労で心ゾウを悪くしてしまった。

二　次の文章を読んで、あとの㈠から㈥までの問いに答えなさい。

誰にでも、眠れない夜ってありますよね。

①そんな夜には、宇宙のことを考えてみるのもいいかもしれません。

そもそも、もし夜というものがなかったら、②私たちは「宇宙」という存在に気づかなかったのではないでしょうか。なぜなら、昼間に空を見上げても、太陽が眩《まぶ》しく輝くばかりで他の星の姿は見えないからです。また、青空の果ては遠いようにも、でも意外に近いようにも見えますよね。[A]、明るい昼の空を見て、何億・何兆もの星や銀河が散らばる広大な宇宙の姿を思い描くのは、まずもって不可能なんです。

アメリカのSF作家アシモフが書いたSF小説『夜来たる』をご存知でしょうか。一九四一年に発表された、文庫本で六〇ページほどの短編ですが、SF史上に名高い古典的傑作として知られています。

舞台は六つの太陽に囲まれた惑星ラガッシュです。六つの太陽のうちの少なくとも一つが必ず上空で輝いているラガッシュは、常夏ならぬ「常昼」の星であり、夜というものが存在しません。③そのために天文学がほとんど発達せず、ひとびとはラガッシュと六つの太陽が宇宙にある天体のすべてだと信じて、独自の文明を築いていました。

[B]、二〇〇〇年に一度、日食による「夜」が訪れた時、悲劇は起こりました。無数の星々の出現に天文学者たちは驚愕《きょうがく》し、自分たちのちっぽけな世界観が崩壊したことに絶望します。民衆は初めて体験する真の暗闇に恐れおののき、光を求めて街に火を放ちます。こうして惑星ラガッシュの文明は一夜のうちに崩壊した——これがそのあらすじです。

「二〇〇〇年に一度だけ訪れる夜」という④その設定だけで、思わず引き込まれてしまいますよね。SFファンによる人気投票でも常に上位に入る作品だというのもうなずけます。ちなみにラガッシュの文明は一晩で滅びましたが、当時二十一歳の無名作家だったアシモフは、この作品で一夜にして人気作家の仲間入りをしたそうです。

私たちの地球では、幸いにして昼と夜が交互に訪れるので、人間は広大な宇宙の存在に最初から気づいていました。そんな私たちからすると「われわれは何も知らなかった！」と泣き叫ぶラガッシュの天文学者や、闇を恐れて街に火を付けるラガッシュの民衆の姿は、哀れさを通り越して滑稽《こっけい》にも見えますよね。

⑤でも、私たちはラガッシュの人たちを笑えないかもしれません。なぜならあなたも私も、広大な宇宙の本当の姿の、ごくごく一部しか知らないんですから。

（佐藤勝彦『眠れなくなる宇宙のはなし』による）

㈠　①そんな夜　とはいったい何を指すのか。本文中より五字で抜き出して書きなさい。

㈡　②私たちは「宇宙」という存在に気づかなかったのではないでしょうか　とあるが、それはなぜか。本文中より一文を抜き出し、はじめの五字を書きなさい。（句読点・記号を含む）

㈢　③そのために　が示す内容を、「〜ないから」と続くように、本文中より十字で抜き出して書きなさい。（句読点・記号を含む）

㈣　④その設定　とは何を指すのか。本文中より十四字で抜き出して書きなさい。

㈤　⑤でも、私たちはラガッシュの人たちを笑えないかもしれません　と筆者が言っているのはなぜか。最も適当なものを次のアからウまでの中から選んで、そのかな符号を書きなさい。

申し訳ないと思うほどのよろこびようだった。ありがとうございますありがとうございますと繰り返しながら、跳ねるように階段を上がっていった。太郎は、巳さんから渡された鍵を見た。茸のフィギュアはカプセル入り玩具の販売機で自分が買ったものだった。しめじ。しかし、エリンギもついていたはずである。ものをなくしやすいので、目立つようにつけていた。ちぎれたのかと思ったが、紐も金具もない。音が鳴る鈴でもつけようかと思いつつ、帰り道にコンビニで買ってきた炭火焼き牛カルビ弁当を電子レンジで温めた。缶ビールも開けた。

干していたタオルを取り込むついでに二階端「辰」室のベランダを見上げたら、窓には明かりがついていた。あれから三日経つが、女の姿は見ていない。

（柴崎友香『春の庭』による）

(一) ①太郎は、窓を閉めようとした手を止めて見ていた　とあるが、太郎が見ていたものとして最も適当なものを、次のアからエまでの中から選んで、そのかな符号を書きなさい。

ア　大家の家　　イ　空　　ウ　女　　エ　ベランダの手すり

(二) A　に当てはまる最も適当な言葉を、次のアからエまでの中から選んで、そのかな符号を書きなさい。

ア　やはり　　イ　しかし　　ウ　そうして　　エ　だから

(三) ②真夏のような雲だった　とあるが、ここで使われている表現技法として最も適当なものを、次のアからエまでの中から選んで、そのかな符号を書きなさい。

ア　倒置法　　イ　擬人法　　ウ　体言止め　　エ　直喩

(四) ③そこ　とはいったい何を指すのか。本文中より三字で抜き出して書きなさい。

(五) ④大家の隣の家　と同じものを本文中より抜き出して書きなさい。

(六) ⑤女はスケッチブックごと引っ込んだ　とあるが、なぜ女はこのような行動をとったのか。その理由として最も適当なものを、次のアからエまでの中から選んで、そのかな符号を書きなさい。

ア　太郎にみられていることに気がついたから。

イ　非常に暑くて気分が悪くなったから。

ウ　代わりに別の人を太郎の元へ行かせたから。

エ　太郎とけんかをしていて、居心地が悪かったから。

(七) ⑥取ったんじゃないですよ、ほんとに落ちてたんですよ　と言った理由は何か。その理由として最も適当なものを、次のアからエまでの中から選んで、そのかな符号を書きなさい。

ア　盗んでいたことをごまかすため。

イ　お礼をもらいたいため。

ウ　盗んでいないと念押しするため。

エ　早く家に帰りたかったから。

(八) ⑦そんなによろこばれては申し訳ないと思う　のはなぜか。その理由として最も適当なものを、次のアからエまでの中から選んで、そのかな符号を書きなさい。

ア　おしくない味醂干しだから。

イ　本当は、ほしがってはいないものであったのに、気を遣ってくれたから。

ウ　お土産でもらったいらないものなのに、すごく喜んでくれているから。

エ　もらったもので、中身がわからないから。

が低く、いつもTシャツやスウェットなど代わり映えのしない格好をしている。スケッチブックの向こうで、ぬーっと女の首が伸びる。頭をこちらに向けて傾ける。太郎は、そのときになってようやく、女が見ているのが正面の大家の家ではないと気づいた。太郎の部屋がある方向、④大家の隣の家。水色の家。

ぴーっぴーっと、鳥の甲高い鳴き声と、枝葉が擦《す》れ合う音が、⑤突然響いた。次の瞬間、女と目が合った。太郎が目を逸らすより前に、女はスケッチブックごと引っ込んだ。サッシが閉まる音がした。それきり出てこなかった。

水曜日の夜、仕事を終えて帰宅すると、アパートの外階段の上に二階の住人がいた。先日ベランダにいた女ではなく、その隣の部屋の住人。随分前から住んでいるらしい、太郎の母親より年上に見える女。太郎の住むアパート「ビューパレス　サエキⅢ」は一階と二階に四部屋ずつあり、部屋番号ではなく干支《えと》がふってある。玄関側から見て、太郎のいる一階左端から右へ順に、亥、戌、酉、申、二階へ上がってきて未、午、巳、辰。今時は表札にもポストにも名前は出さないところが多い。この人は「巳」室なので、太郎は「巳《み》さん」と認識していた。顔を合わせると必ず声をかけてくる、愛想のいい人だった。

巳さんは、階段の上から一階を窺っていたが、太郎が玄関前に立つのを見計らって、降りてきた。いつも頭の天辺で髪をまとめ、着物をリメイクしたらしい変わった形の服を着ている。今日は亀柄のもんぺに、黒いシャツ。

「あのー、鍵を落としませんでしたか？」

「えっ、鍵？」

太郎は思わず自分の手元を見た。鍵はしっかりと握られている。

「これ……」

巳さんが顔の前にかざした、茸《きのこ》のフィギュアがついた鍵には、確かに見覚えがあった。

「朝、ここに落ちてたんです。でも、持ってらっしゃいますね、鍵」

「それは事務所の鍵です。会社の。家に忘れてきたんだと思って。ありがとうございます」

「あー、よかったです、こんなおばさんが⑥突然鍵なんか持ってきたら怪しまれるんじゃないかと思って心配でした。取ったんじゃないですよ、ほんとに落ちてたんですよ」

「だいじょうぶです。ありがとうございます」

巳さんが近づいてきて、鍵を差し出す。太郎は受け取る。とても背の低い巳さんは、太郎の懐に入り込むように見上げた。

「じゃあ今日はお仕事できなかったんですか？」

「……あ、いえいえ、会社はぼく一人じゃありませんから、ほかにもいますから」

「ええ、あー、そりゃそうですねばかですよね、わたし。すみませんでした」

「いえ」

太郎は、鞄の中にままかりの味醂《みりん》干しが入っているのを思い出した。出張帰りの同僚の土産だが、太郎は魚の干物が全般に好きではなかった。

「これ、よかったら。お礼っていうほどのものでもないですが」

巳さんは、好物なのだと大変によろこんだ。⑦そんなによろこばれては

【国　語】（四〇分）〈満点：一〇〇点〉

一　次の文章を読んで、あとの㈠から㈧までの問いに答えなさい。

二階のベランダから女が頭を突き出し、なにかを見ている。ベランダの手すりに両手を置き、首を伸ばした姿勢を保っていた。

①太郎は、窓を閉めようとした手を止めて見ていたが、女はちっとも動かない。女がかけている黒縁眼鏡に光が反射して視線の行方は正確にはわからないが、顔が向いているのはベランダの正面。ブロック塀の向こうにある、大家の家だ。

アパートは、上から見ると〝「〟の形になっている。太郎の部屋はその出っ張った部分の一階にある。太郎は中庭に面した小窓を閉めようとして、二階の端、太郎からいちばん遠い部屋のベランダにいる女の姿が、ちょうど目に入ったのだった。中庭、と言っても幅三メートルほどの中途半端な空間でコンクリートの隙間に雑草が生えているだけ、立ち入りも禁止である。アパートと大家の家の敷地を隔てるブロック塀には、春になって急激に蔦《つた》が茂った。塀のすぐ向こうにある楓《かえで》と梅は手入れがされておらず、枝が塀を越えて伸びてきている。その木の奥に、板張りの相当に古い二階建てがある。いつも通り、人の気配は無い。

女に視線を戻す。まったく同じ位置のままだ。一階の太郎の部屋からだとブロック塀に遮られて屋根ぐらいしか見えないが、二階からなら大家の家の一階や庭も見えるには違いない。［A］、そんなに変わったものがあるとも思えない。大家の家は、赤く塗られた金属板の屋根も焦げ茶の壁板も、傷みが目立つ。一人で住んでいた大家のばあさんが介護施設に入所して、もう一年になる。家の前を掃除するのを見かけたときは元気そうだったが、八十六歳になるらしい。情報は不動産屋経由である。

屋根の先には、空と雲が見えた。朝からよく晴れていたが、雲が出ている。真っ白の塊。だが五月だが、②真夏のような雲だった。ああいう雲は何千メートルの高さがあるって言うな、と太郎は雲の盛り上がって飛び出しているところを見た。空の深い青とコントラストが強すぎて、目の奥が痛んだ。

雲を眺めていると、太郎は、雲の上にいる自分を想像した。いつもした。長い長い距離を歩いてやっと雲の縁にたどり着き、③そこに手をついて下を眺めている。街が見える。数千メートルも隔たっているのに、細かく入り組んだ街路の一本一本、ひしめき合う一軒一軒の屋根も、鮮明に見える。道路を極小の虫のような自動車が滑っていく。街と自分の間の空間を、小型飛行機が横切る。そこだけアニメの絵だ。ガラスの覆いがついた操縦席には誰もいない。音もない。飛行機だけでなく、どこからもなんの音も聞こえない。ゆっくりと立ち上がると、空の天井に頭がつっかえる。誰もいない。

そこまでの一連が、幼い頃から必ず浮かぶ光景だった。二階端のベランダを見る。さっきはなかった白い四角形の一部が見える。いつのまに。女は、手すりのところに画用紙、いや、スケッチブックを置いていた。木でも描いているのか。ベランダは南向きで、庇《ひさし》は短い。今は午後二時。随分眩《まぶ》しいに違いない。

女は時折、身を乗り出した。そのときにはまた、顔が見えた。黒縁眼鏡に、短めの中途半端な、強いて言うならおかっぱ頭。二月に引っ越してきた。何度かアパートの前でも見かけたことがあるが、三十歳過ぎ、自分と同じか少し年下といったところ、と太郎は見当をつけていた。背

MEMO

大切なことはメモしておこうネ！

2021年度

解 答 と 解 説

《2021年度の配点は解答欄に掲載してあります。》

＜数学解答＞《学校からの正答の発表はありません。》

1 (1) 76 (2) $x=6$ (3) $-\frac{9\sqrt{6}}{2}$ (4) $-4(x-4y)^2$ (5) $x=\frac{-5\pm\sqrt{13}}{2}$
(6) 6 (7) 2と7 (8) 48個 (9) 125度

2 (1) ① 60 ② $5n$ (2) ① $\frac{1}{6}$ ② $\frac{5}{36}$ ③ $\frac{5}{12}$ (3) 4.2%

3 (1) ① $y=-2x-4$ ② (0, －12) (2) 26π (3) 32度
(4) ① AB＝DB ② BE＝BC ③ ∠ABE＝∠DBC ④ 2組の辺とその間の角がそれぞれ等しい

○推定配点○

各5点×20(3(4)完答) 計100点

＜数学解説＞

基本 1 (正負の数，1次方程式，平方根，因数分解，2次方程式，数の性質，方程式の利用，標本調査，角度)

(1) $(-4^2)\times(-5)+8\div(-2)=(-16)\times(-5)-4=80-4=76$

(2) $\frac{x-8}{10}=1-\frac{x}{5}$ $x-8=10-2x$ $3x=18$ $x=6$

(3) $2\sqrt{24}+\frac{6}{2\sqrt{6}}-3\sqrt{54}=2\times2\sqrt{6}+\frac{\sqrt{6}}{2}-3\times3\sqrt{6}=4\sqrt{6}+\frac{\sqrt{6}}{2}-9\sqrt{6}=-\frac{9\sqrt{6}}{2}$

(4) $32xy-4x^2-64y^2=-4(x^2-8xy+16y^2)=-4(x-4y)^2$

(5) $(x+1)(x+2)=-2x-1$ $x^2+3x+2=-2x-1$ $x^2+5x+3=0$ 解の公式を用いて，$x=\frac{-5\pm\sqrt{5^2-4\times1\times3}}{2\times1}=\frac{-5\pm\sqrt{13}}{2}$

(6) $\sqrt{24a}=2\sqrt{6a}$より，$a=6$のとき，題意を満たす。

(7) 大きい自然数をa，小さい自然数をbとすると，$a+b=9$…① $a-b=5$…② ①＋②より，$2a=14$ $a=7$ ①－②より，$2b=4$ $b=2$

(8) 不良品の数をx個とすると，$1200:x=50:2$ $50x=2400$
$x=48$(個)

重要 (9) 右の図で，平行線の錯角は等しいから，$\angle a=180°-145°=35°$ $\angle b=90°-35°=55°$対頂角だから，$\angle c=\angle b=55°$
三角形の内角と外角の関係より，$\angle x=70°+55°=125°$

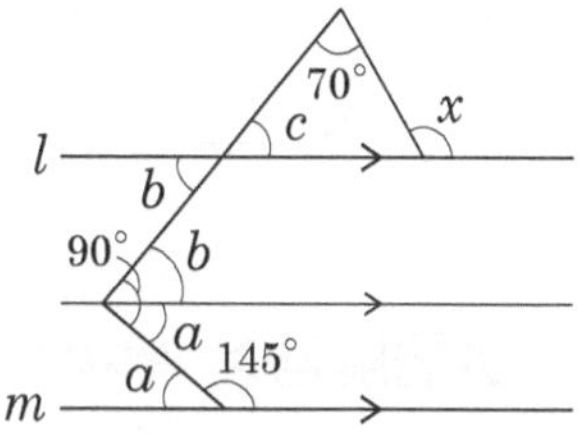

2 (文字と式の利用，確率，食塩水)

基本 (1) ① $5+11+12+13+19=60$

基本 ② 中央の数の上下の数は，$n-7$，$n+7$と表せ，中央の数の左右の数は，$n-1$，$n+1$と表せるから，それらの和は，$(n-7)+(n-1)+n+(n+1)+(n+7)=5n$と表せる。

基本 (2) ① サイコロの目の出方の総数は，$6\times6=36$(通り) このうち，題意を満たすのは，$(x, y)=$(1, 1)，(2, 2)，(3, 3)，(4, 4)，(5, 5)，(6, 6)の6通りだから，求める確率は，$\frac{6}{36}=\frac{1}{6}$

② 題意を満たすのは，$(x,\ y)=(1,\ 2)$，$(2,\ 3)$，$(3,\ 4)$，$(4,\ 5)$，$(5,\ 6)$の5通りだから，求める確率は，$\frac{5}{36}$

③ 題意を満たすのは，$(x,\ y)=(1,\ 1)$，$(2,\ 1)$，$(2,\ 2)$，$(3,\ 1)$，$(3,\ 2)$，$(3,\ 3)$，$(4,\ 1)$，$(4,\ 2)$，$(4,\ 3)$，$(4,\ 4)$，$(5,\ 1)$，$(5,\ 2)$，$(5,\ 3)$，$(5,\ 4)$，$(5,\ 5)$の15通りだから，求める確率は，$\frac{15}{36}=\frac{5}{12}$

(3) 新しくできた容器Aの食塩水の濃度をx%とすると，$(100-40)\times\frac{8}{100}+40\times\frac{3}{100}=100\times\frac{x}{100}$　$4.8+1.2=x$　$x=6$　新しくできた容器Bの食塩水の濃度をy%とすると，$40\times\frac{6}{100}+(100-40)\times\frac{3}{100}=100\times\frac{y}{100}$　$2.4+1.8=y$　$y=4.2$(%)

3 (図形と関数・グラフの融合問題，空間図形，角度，平面図形の証明)

基本 (1) ① $y=-2x^2$に$x=-1$，2をそれぞれ代入して，$y=-2$，-8　よって，A$(-1,\ -2)$，B$(2,\ -8)$　直線ABの式を$y=ax+b$とすると，2点A，Bを通るから，$-2=-a+b$，$-8=2a+b$　この連立方程式を解いて，$a=-2$，$b=-4$　よって，$y=-2x-4$

重要 ② △ABO＝△ACOより，OA//BC　直線OAの傾きは，$\frac{-2-0}{-1-0}=2$より，直線BCの式を$y=2x+c$とすると，点Bを通るから，$-8=2\times2+c$　$c=-12$　よって，点Cの座標は，$(0,\ -12)$

重要 (2) この回転体は，円錐から円柱を取り除いた立体である。円錐の側面積は，$\pi\times5\times3=15\pi$　円柱の側面積は，$2\pi\times1\times1=2\pi$　底面部分の面積の和は，$\pi\times3^2=9\pi$　よって，表面積は，$15\pi+2\pi+9\pi=26\pi$

重要 (3) 右の図で，平行線の同位角は等しいから，$\angle a=112°$　正五角形の1つの内角の大きさは，$\angle b=180°\times(5-2)\div5=108°$　多角形の外角の和は360°だから，$\angle a+\angle b+(\angle x+\angle b)=360°$　よって，$\angle x=360°-112°-108°\times2=32°$

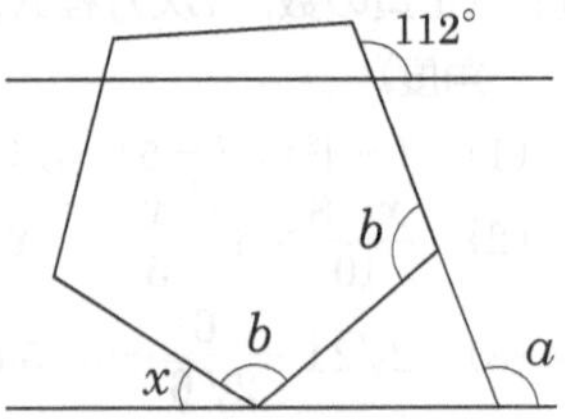

基本 (4) △ABEと△DBCにおいて，仮定より，AB＝DB…①，BE＝BC…②，∠ABE＝∠DBC＝90°…③　①，②，③より，2組の辺とその間の角がそれぞれ等しいので，△ABE≡△DBC　よって，AE＝DC

★ワンポイントアドバイス★

出題構成や難易度に大きな変化はない。時間配分を考え，できるところからミスのないように慎重に解いていこう。

＜英語解答＞《学校からの正答の発表はありません。》

1 (1) ウ　(2) カイキオアエウ　(3) (A) before　(B) but　(4) better　(5) エ　(6) 1 ○　2 ×　3 ×　4 ○

2 (1) 1 イ　3 ウ　(2) 2番目 イ　3番目 エ　(3) has　(4) (X) All　(Y) could

3 (1) イウオアエ　(2) オウエイア　(3) イウオエア　(4) ウイエオア

(5) オイウエア

4 (1) ① number ② like (2) 1 × 2 ○

○推定配点○

各4点×25 計100点

＜英語解説＞

1 (長文読解問題・説明文：指示語，語句整序，語句選択補充，語形変化，内容吟味)

(全訳) あなたには何か夢がありますか。あなたには何か将来への希望がありますか。夢や希望を持つことは，そうすることによって人は強くなれるのですばらしいことです。「映画スターになりたい」とか「世界中の貧しい人たちを助けたい」といった大きな夢を持つ子供もいますが，将来への夢も希望も持たない子供もいます。ある調査によれば，子供のおよそ70パーセントが自分の将来について不安に思っています。なぜこのようなことが起こるのでしょうか。

子供たちが将来について不安に思う理由がいくつかあります。まず，多くの大人たちが自分の将来を楽しみにしていないと考えられています。子供はしばしば大人，特に親や教師を見ていると言われています。大人たちは子供たちのロールモデルであるべきです。もし大人たちが何が起こるか期待できないならば，子供たちもまた将来に否定的な感情を持つでしょう。

次に，多くの子供たちが自分自身に自信を持っていません。彼らは間違えることを恐れているので，夢が実現する(A)前に全力を尽くすことをあきらめてしまうのです。しかし，自信を勝ち取るためには，成功するまで努力し続ける必要があります。まったく間違えることなく自分の夢を実現できる人はいません。例えば，元プロ野球選手のイチローは4,000本のヒットを打ちましたが，その前には8,000回を超えて打ちそこなってさえいたのです。子供たちは，「間違えることは悪いことではない。最も悪いことは途中で挑戦することをあきらめることだ」という要点を理解するべきです。

最後に，多くの子供たちが将来の仕事について不安に思っています。別の調査によると，ロボットや人工知能が現在の仕事のおよそ50パーセントを自動化するために，現在の仕事のおよそ50パーセントが10年から20年のうちになくなります。この状態は将来にとって便利です(B)が，人間による仕事は減少することを意味しています。子供たちが大人になったとき，彼らはどのような種類の仕事を見つけることができるでしょうか。誰もこの問いに答えることはできないでしょう。

しかし，ウォルト・ディズニーが言ったように，「夢に思うことができるなら，それをすることができるのです。」夢を持つことは子供の将来を明るくします。多くの子供たちが自分の将来について不安に思っているかもしれませんが，彼らの将来については誰にもわかりません。子供たちは，自分自身で自分の人生をより良くすることができますから，「夢が実現するまで努力し続けて決してあきらめてはいけない」ということを覚えていてください。

(1) by doing so は「そうすることによって」という意味。「そうすることによって人は強くなれる」と述べているので，どうすれば強くなれるのかを考えると，直前の to have dreams and hope「夢や希望を持つこと」が適切。正解はウ。

重要 (2) if adults cannot expect what will happen 「もし～ならば」は if の後に文を続けて表す。「大人たちが，何が起こるか期待できない」は，adults「大人たち」を主語，cannot expect「期待できない」を動詞として，その後に「何が起こるか」を間接疑問で表す。ここでは疑問詞 what が will happen「起こる」の主語なので what will happen となる。

基本 (3) (A) they may give up doing their best「彼ら(＝多くの子供たち)は全力を尽くす

ことをあきらめてしまう」と their dreams come true「夢が実現する」をつなぐのに適する語を考える。この直後で,「自信を勝ち取るためには,成功するまで努力し続ける必要がある」と述べていることから,「夢が実現する前に努力をあきらめる」という内容の文にすると文脈に合う。したがって,before「～する前に」が適切。　(B)「この状態(＝ロボットや人工知能が現在の仕事の半分ほどを自動化した状態)は将来にとって便利だ」と「人間による仕事は減少することを意味する」は対照的な内容なので,but「しかし」でつなぐのが適切。

(4)「より良く」は今現在の状態と比べた言い方なので比較級にする。well の比較級は better。well - better - best と変化する。

(5)　第3段落第3文の「自信を勝ち取るためには,成功するまで努力し続ける必要がある」,最終段落最終文の「夢が実現するまで努力し続けて決してあきらめてはいけない」から,エ「努力を続けることが大切だ」が適切。アは「たくさんのお金を稼ぐことが大切だ」,イは「一生懸命に勉強することが大切だ」,ウは「よく眠ることが大切だ」という意味。

(6)　1「多くの子供たちが間違えることを望んでいない」(○)　第3段落第2文「彼ら(＝多くの子供たち)は間違えることを恐れている」に合う。　2「すべての子供たちが将来への大きな夢を持っている」(×)　第1段落第4文で,大きな夢を持つ子供もいるが,夢を持たない子供もいると述べられているので合わない。　3「成功した人たちは一度も間違えたことがない」(×)　第3段落第4文「まったく間違えることなく自分の夢を実現できる人はいません」に合わない。
4「子供たちが自分自身の夢を持てば,彼らの将来は明るい」(○)　最終段落第2文の内容に合う。

2　**(会話文問題：文選択補充,語句整序,語句補充)**

(全訳)　娘：お父さん,キャベツはある？

父親：うん,キッチンにいくつかあると思うよ。でも,$_1$どうしたんだい？　お前は学校から帰ると普通はケーキをくれと言うよね,キャベツではなくて。

娘：ええと…学校の私たちのクラスでクラッシュという名前のカメを飼っているの。私たちは交代でそれにえさをやらなくてはならないの。今週は友達のタツヤの順番なんだけど,彼が今朝えさをやるときにおりを閉め忘れたの。それでクラッシュがおりから逃げてしまったの。

父親：$_2$それはいけないね。でも,誰かがそれを見つけたからお前はキャベツをくれと言っているんだと思うよ。

娘：違うの！　クラス全体で2時間探したのよ。でも誰も見つけられなかったの。私たちの先生は,それは隠れているんだと言ったわ。

父親：それで,それを捕まえる手助けになるように明日学校へ食べ物を持って行きたいんだね？

娘：そうよ！

父親：よし。わかったよ。$_3$お前が全力を尽くすことを望んでいるよ。

(1)　1　空所の直後で,父親が「お前は学校から帰ると普通はケーキをくれと言うよね,キャベツではなくて」と言っていることから,娘の様子が普段と違うことがわかる。何が起こっているのかを尋ねる表現の What's going on?「どうしたの？」が適切。　2　この直前で,父親はクラスで飼っているカメが逃げてしまったという事情を聞いているので,心配したり同情したりして声をかけるときに使う That's too bad.「それはいけないね,それはお気の毒に」が適切。
3　娘がカメを見つけるためにえさを使おうとしていることを知った父親の反応が入る。娘はカメを見つけようと努力しようとしているのだから,I hope you'll do your best.「お前が全力を尽くすことを望んでいるよ」と励ますような言葉を入れるのが適切。

重要　(2)　(I think) there are some in the kitchen.「(キャベツが)キッチンにいくつかある」

という内容の文を作る。「(場所)に～がある」という内容なので，<There is[are]～＋場所を表す語句.>の文を使う。are の後に「～」に当たる some がくる。この場合の some は some cabbages ということ。

(3)　直後に escaped が続いていることに着目する。過去形ならば空所に語を入れなくても「クラッシュが逃げた」という文が成り立つので，現在完了<have[has]＋過去分詞>と考える。主語が Crush で3人称単数なので has を入れる。

(4)　(全訳)「少女の学校のクラスではクラッシュという名前のペットのカメを飼っている。しかし今朝，それは逃げた。X すべてのクラスメイトがそれを探したが，だれもそれを見つけることがY できなかった。彼女の担任の先生は，それは隠れているのだと言った。そこで彼女はそれを捕まえるために，明日学校へキャベツを持って行きたいと思っている。」　(X)　娘の3番目の発言の第2文 The whole class looked for it.「クラス全体で2時間探したのよ」を参照。The whole class「クラス全体」を (　　) classmates と複数形で表すので，複数形の名詞が続く all「すべての」が適切。文頭なので a は大文字にすることに注意。　(Y)　娘の3番目の発言の第3文 anyone couldn't find it「誰も見つけられなかったの」を参照。any，あるいは any がつく語は否定文で使うと「まったく[誰も]～ない」という意味になる。これを no one「誰も～ない」を使って表す。no がつく否定を表す語句を使う場合，(助)動詞は否定の形にしないので，空所には could を入れる。

3　**(語句整序問題：助動詞，現在完了，受動態，分詞)**

(1)　(My family) is going to go camping (this summer.)「～する予定だ」は<be going to ＋動詞の原形>で表す。「キャンプをする」＝ go campingイウオアエ

(2)　(I have) known her since she was (a child.)「(ずっと)～している」と過去の時点から継続していることを表す内容なので，継続を表す現在完了<have[has]＋過去分詞>で表す。since「～のときから」の後に she was a child という文を続ける。オウエイア

(3)　(This) letter was written by him (last night.)　英文が This で始まっているので This letter「この手紙」を主語にして受動態<be動詞＋過去分詞>を使って「この手紙は彼によって書かれた」という文にする。イウオエア

(4)　(She) doesn't have to clean her (room today.)「～しなくてもよい[する必要はない]」は<do[does] not have to＋動詞の原形>で表す。ウイエオア

やや難　(5)　(I saw) a man running to the station (this morning.)「駅へ向かって走っている」は現在分詞(動詞の～ing形)を用いて running to the station と表し，a man の後に続ける。オイウエア

4　**(長文読解問題・説明文：語句選択補充，語句整序，内容吟味，英問英答)**

(全訳)　ピーター：行列が長いな。これはとてもおいしいすし屋さんに違いないよ！

舞子：この店は大きいわね。私は月に2回くらいここに来るのよ。あなたはおすしを食べたことはある？

ピーター：何度もあるよ。ぼくはニューヨークの出身なんだ。そこではすし店は長い間人気だよ。

舞子：すしが人気があるのは知っていたけれど，その都市にすし店があるのは知らなかったわ。

ピーター：そこではすし店の① 数が増えているんだ。最初，アメリカ人は生の魚を食べなかったんだ。それにすしはおいしそうに見えないと言う人もいたんだ。だから伝統的な作り方を少し変えた店もあるし，カリフォルニアロール② のような新しいすしの形を作った店さえあるんだ。

舞子：おもしろいわね。
ピーター：ああ，見て！　空いている席が2つあるよ！　中に入ろう！
舞子：すごいわ！　私たちの会話がすでに私を空腹にしたわ！

(1)　①「ニューヨークで増えている，すし店の(　)」という内容から，number「数」が適切。
②　新しいすしの形の例としてカリフォルニアロールが挙げられているので，例を挙げるときに用いるlike「～のような」が適切。

(2)　1「ピーターはすしを食べたことがない」(×)　舞子の最初の発言の最終文「あなたはおすしを食べたことはある？」に対して，ピーターはMany times.「何度もある」と答えている。
2「ピーターと舞子は会話の後で空腹になる」(○)　舞子が最後の発言で，「私たちの会話がすでに私を空腹にしたわ！」と言っていることに合う。

★ワンポイントアドバイス★

[2](4)はいわば文法問題である。本文で同じ語句が出ている箇所を見つけ，それぞれの箇所を書きかえる必要がある。本文の該当箇所がつかめれば，効率的に解答することができる。

＜国語解答＞《学校からの正答の発表はありません。》

[一]　(一)　ウ　(二)　イ　(三)　エ　(四)　雲の縁　(五)　水色の家　(六)　ア
(七)　ウ　(八)　ウ

[二]　(一)　眠れない夜　(二)　なぜなら，　(三)　夜というものが存在し(ないから)
(四)　二〇〇〇年に一度だけ訪れる夜　(五)　ア　(六)　A　イ　B　ウ

[三]　(一)　弥生　(二)　イ　(三)　イ　(四)　係り結び　(五)　乳母　(六)　ア

[四]　(一)　①　微細　②　かいきん　(二)　③　ウ　④　イ

○推定配点○

[一]　(二)　3点　(三)　4点　他　各5点×6　[二]　(六)　各3点×2　他　各5点×5
[三]　各4点×6　[四]　各2点×4　計100点

＜国語解説＞

[一]　(小説－情景・心情，内容吟味，指示語，接続語，脱文・脱語補充，表現技法)

(一)　傍線部①前で描かれているように，太郎が見ていたのは，二階のベランダから頭を突き出し，ベランダの手すりに両手を置いて首を伸ばした姿勢を保っている「女」である。

(二)　空欄Aは，直前の内容とは相反する内容が続いているので逆接の「しかし」が当てはまる。

基本　(三)　傍線部②は「ような」を用いてたとえているので，エが適当。アは文節を普通の順序とは逆にする技法。イは人間ではないものを人間に見立てて表現する技法。ウは文の最後を体言(名詞)で止める技法。

(四)　傍線部③は，太郎が想像の中で雲の上にいる自分を想像し，その自分がたどり着いた「雲の縁(3字)」に手をついて下を眺めていた，ということである。

(五)　傍線部④直後に描かれているように，④は「水色の家」のことである。

(六)　女は，女の様子を見ていた太郎と「目が合った」ことで傍線部⑤のようにしているので，アが適当。イ，ウは描かれていないので不適当。太郎は，同じアパートの住人として，女の外見やおよその年齢の見当をつけていたが，知り合いであることは描かれていないのでエも不適当。

やや難　(七)　傍線部⑥のように話すおばさんは，落ちていた鍵を拾ったが，突然持ってきたら怪しまれるのではないか＝鍵を盗んだのではないかと怪しまれるかもしれない，と思っていたことが描かれているので，ウが適当。「『怪しまれるんじゃないか』」という心情を踏まえていない他の選択肢は不適当。

重要　(八)　傍線部⑦前で描かれているように，おばさんに鍵のお礼としてわたした味醂干しは「出張帰りの同僚の土産」で，「太郎は魚の干物が全般に好きではなかった」のに，おばさんは「好物なのだと大変によろこんだ」ため⑦のようになっているので，ウが適当。⑦前の描写を踏まえていない他の選択肢は不適当。

二　(論説文－内容吟味，文脈把握，指示語，接続語)

基本　(一)　傍線部①は直前の「眠れない夜(5字)」を指している。

重要　(二)　傍線部②直後の一文で②の理由として，「なぜなら，昼間に空を見上げても，太陽が眩しく輝くばかりで他の星の姿は見えないからです。」と述べている。

やや難　(三)　傍線部③は直前で述べているように，六つの太陽のうち少なくとも一つが必ず上空で輝いている惑星ラガッシュでは「夜というものが存在し(10字)」ないために，ということである。

(四)　傍線部④は直前の「二〇〇〇年に一度だけ訪れる夜(14字)」のことである。

(五)　傍線部⑤直後で⑤の理由として，「なぜならあなたも私も，広大な宇宙の本当の姿の，ごくごく一部しか知らないんですから」と述べているので，アが適当。⑤直後の理由を説明していない他の選択肢は不適当。

(六)　空欄Aは直前の内容を理由とした内容が続いているので「ですから」があてはまる。空欄Bは直前の内容とは相反する内容が続いているので「でも」があてはまる。

三　(古文－指示語，漢字の読み，口語訳，表現技法，文学史)

〈口語訳〉　その春は，(疫病が流行して)世の中がひどく騒然として，松里の渡し場での月明かりに照らし出された姿をしみじみと見た乳母も，三月一日に亡くなってしまった。どうしようもなく思い嘆いていると，物語を読みたいと思う気持ちも感じなくなってしまった。ひどく泣き暮らして(ふと)外を見たところ，夕日がたいそう華やかに差している場所に，桜の花が余すことなく散り乱れている。

散る花も，また再びやってくる春には見ることもできるだろう。(しかし，)そのまま別れてしまった人(＝乳母)は，もう二度と会えず，悲しく恋しいことだ。

基本　(一)　傍線部①の異名は「弥生(やよい)」である。

重要　(二)　傍線部②の「ゆかし」は「～したいこと」という意味で，ここでは「(物語を)読みたい」という意味，「おぼえずなりぬ」は「感じなくなってしまった」という意味なのでイが適当。

(三)　傍線部③は「たいそう，非常に」という意味で，程度がはなはだしいことを表す。

(四)　傍線部④は係助詞「や」を受けて連体形「せむ」で結ばれているので「係り結び」が使われている。

やや難　(五)　傍線部⑤のある歌は，歌の前で述べているように，亡くなってしまった「乳母」を思って詠んだものである。

(六)　『更級日記』の作者は菅原孝標女。他の作者の作品は，イは『源氏物語』など，ウは『枕草子』など，エは『徒然草』など。

四 （漢字の読み書き）

重要 （一） ①はきわめて細かく小さいこと。②は一日も休まず出席または出勤すること。

やや難 （二） ③ 「心臓」，ア「象」イ「増加」ウ「臓器」エ「仏像」。 ④ 「常備」，ア「上昇」イ「正常」ウ「冗談」エ「現状」。

★ワンポイントアドバイス★

小説では，登場人物がどのような状況にあるか，描写されている内容をイメージしながら読み進めていこう。

2020年度

★★★★★★★★★★★★★★★★★★★★★★★★★

入　試　問　題

2020年度

誠信高等学校入試問題

【数　学】（40分）　＜満点：100点＞

1　次の⑴から⑼までの問いに答えなさい。

⑴　$\left(\frac{2}{5}\right)^2 \times (-10) + \frac{5}{2} \div (-5)^2$　を計算しなさい。

⑵　$\frac{1}{3}(2x+5y) - \frac{1}{6}(4x-3y)$　を計算しなさい。

⑶　$4\sqrt{3} + \frac{9}{\sqrt{3}} - 2\sqrt{12}$　を計算しなさい。

⑷　$x^2 - 2xy + y^2 - 4$　を因数分解しなさい。

⑸　連立方程式　$\begin{cases} 3(x-2) - 4(2y+1) = -40 \\ 2(3x+4) = y - 7 \end{cases}$　を解きなさい。

⑹　$x = \sqrt{5} - 2$　のとき，$x^2 + 4x + 3$　の値を求めなさい。

⑺　$\sqrt{\frac{12n}{5}}$　が自然数となるような，最も小さい自然数 n の値を求めなさい。

⑻　方程式　$(x+4)^2 - 1 = 2(x+2)(x+3)$　を解きなさい。

⑼　右の図で∠x の大きさを求めなさい。

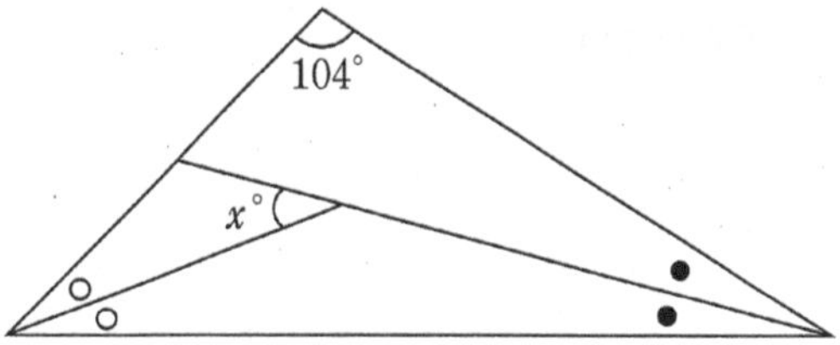

2　次の⑴から⑷までの問いに答えなさい。

⑴　3枚の硬貨100円，50円，10円が1枚ずつある。この3枚の硬貨を同時に1回投げ，表が出た硬貨の金額を合計とするとき，金額の合計が60円以上である確率を求めなさい。

⑵　△ABCで，∠BCA の二等分線と辺ABとの交点をDとする。また，辺CD上に AD＝AE となる点Eをとる。このとき，△AEC∽△BDC であることを次のように証明した。空欄 [ア] から [ウ] に最も適したものを書きなさい。

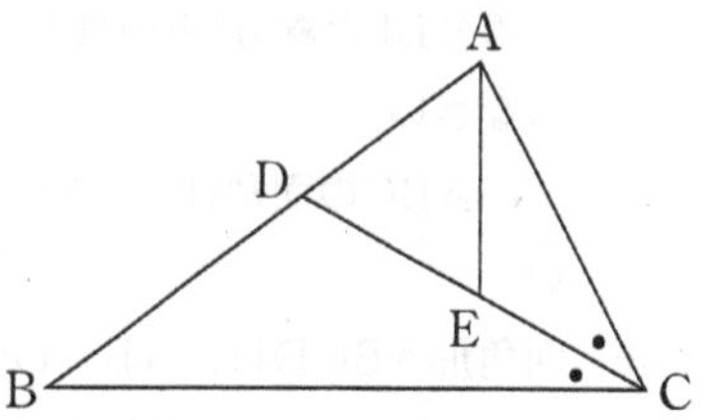

△AECと△BDCで
仮定より，∠ACE＝∠BCD…①
AD＝AE より，∠AED＝∠ [ア]
∠CAE＝∠AED－∠ [イ] ，∠ [ウ] ＝∠ADE－∠BCD より
∠CAE＝∠ [ウ] …②

①，②より，２組の角がそれぞれ等しいから
△AEC∽△BDC

⑶　右の図のように，関数 $y=x^2$ のグラフ上に２点A，Bがあり，x 座標はそれぞれ－4，６である。
このとき，次の問いに答えなさい。
①　直線ABの方程式を求めなさい。
②　四角形OPBAが平行四辺形となる点Ｐを求めなさい。ただし，点Ｐの x 座標は $x>6$ とする。

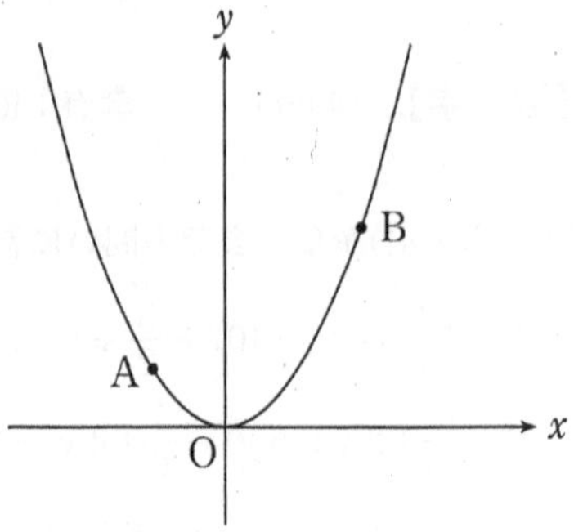

⑷　２けたの整数があり，十の位の数と一の位の数を入れかえた数は，もとの整数より18大きい。また，もとの数と入れかえた数との和は132である。もとの整数を求めなさい。

3　次の⑴から⑶までの問いに答えなさい。

⑴　右の図でA，B，C，Dは円Oの周上の点である。線分AC，BDの交点をE，辺AD，BCの延長との交点をＦとする。
∠AOB＝158°，∠DFC＝52°のとき∠DECの大きさを求めなさい。

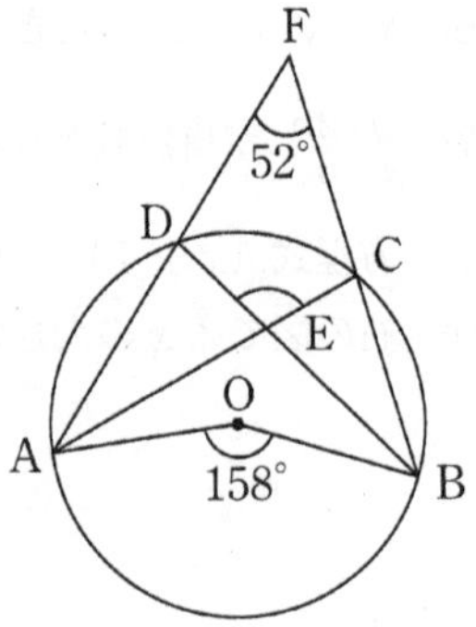

⑵　△ABCで，辺ABを ４：３ に分ける点をD，辺ACを ５：３ に分ける点をE，線分BEと線分CDの交点をF，辺AFの延長と辺BCの交点をGとする。このとき，次の問いに答えなさい。
①　線分BFと線分FEの長さの比を，最も簡単な整数で表しなさい。
②　△ABCの面積は，△FCEの面積の何倍か，求めなさい。

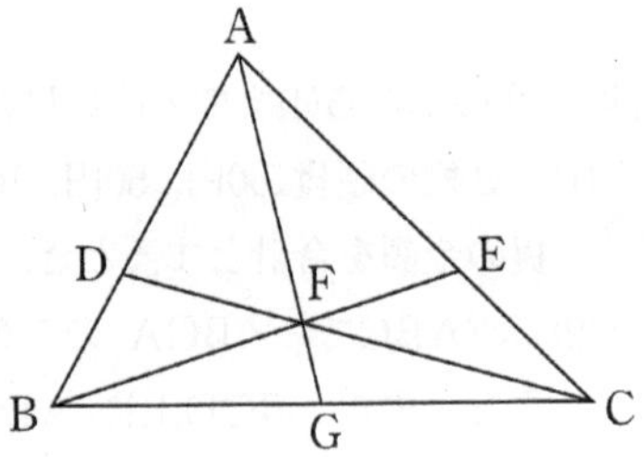

⑶　四角形ABCDは，AB∥DCの台形で AB＝２㎝，BC＝４㎝，CD＝５㎝ である。このとき，次の問いに答えなさい。ただし，円周率はπとする。
①　四角形ABCDを辺ABを軸として１回転させてできる立体の体積を求めなさい。
②　四角形ABCDを辺DCを軸として１回転させてできる立体の表面積を求めなさい。

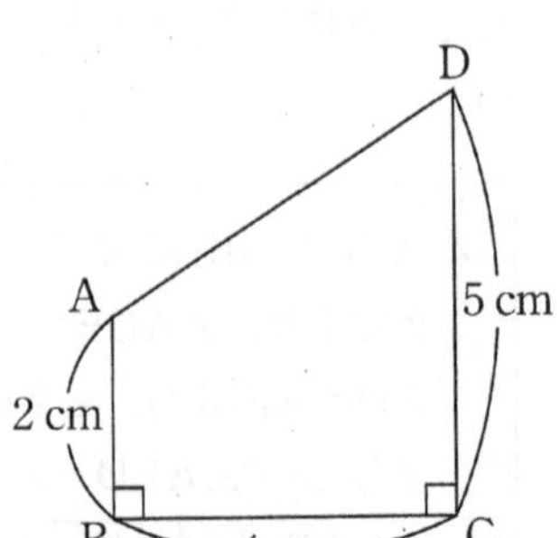

【英　語】（40分）　＜満点：100点＞

[1] 次の文章を読んで，あとの(1)から(6)までの問いに答えなさい。

How many hours a day do you sleep on average? According to a survey, people sleep for about seven to eight hours a day on average. Also, it is said that people spend a third of their life sleeping. In other words, a 60-year-old person [　①　] So sleeping is one of ②(important) activities in their daily life. Most people know that they need to sleep well but everyone cannot always sleep for average hours. Some people work for a long time until late at night, so they have to reduce the time of sleeping. They sleep for only three or four hours, and on the next day, they go to the office as usual.

Now, many people are worried that they don't get enough sleep, and it causes them bad factors. For example, they have a high chance of diseases or making a lot of mistakes and causing serious accidents. They often make careless mistakes even (　A　) they do simple works. In another case, they sometimes hear the news that bus drivers or truck drivers caused traffic accidents. So it is very hard to do their best when they do not get enough sleep.

On the other hand, the good sleep keeps them in a good condition. Also, it makes their memory better. For example, before the test, students study hard ③to get great scores until late at night without sleeping. However, while they are sleeping, their memories get better, so it is not a good way for them to study all night. Students who want to get high scores on their tests ④[ア but / イ must / ウ sleep well / エ only / オ study hard / カ also / キ not].

Now many people spend a busy life every day, so it may be difficult for them to get a lot of sleep and a better sleep. However, they cannot live without sleeping, so they have to take a good sleep as much as they can because the good sleep gives them great effects. Do you sleep well these days? If your answer is "No", you may need to change your lifestyle. Though the good sleep makes you happy, lack of sleep keeps you in a bad condition. To make your life better, it is important to get a good sleep (　B　) the time of sleeping is about the same as a third of your life.

(注) on average　平均して　according to　～によると　survey　調査　a third　3分の1
activity　活動　reduce　～を減らす　as usual　いつも通り　cause　～を引き起こす
factor　要因　disease　病気　accident　事故　careless　不注意な
on the other hand　一方で　score　点　effect　効果　lifestyle　生活様式　lack　不足

(1) [①] にあてはまる最も適当な英語を，次のアからエまでの中から選んで，そのかな符号を書きなさい。

ア goes to bed at 9:00 p.m. and gets up at 6:00 a.m.

イ spends 20 years of his or her life sleeping.

ウ gets enough sleep after he or she works very hard.

エ sleeps for average hours every day.

⑵ 下線部②が「最も重要な」という意味になるように，（ ）の語を正しい形にかえて書きなさい。ただし１語とは限らない。

⑶ （Ａ）（Ｂ）にあてはまる最も適当な語を，次の５つの語の中から選びなさい。

and but when before because

⑷ 下線部③と同じ用法で使われているものを，次のアからエまでの中から選んで，そのかな符号を書きなさい。

ア My future dream is to become a doctor.

イ I'm very sad to hear the news.

ウ I have a lot of homework to do.

エ I learn English to talk with people around the world.

⑸ 下線部④が「一生懸命勉強するだけではなく，十分に寝ることもしなければならない。」という意味になるように，［ ］内のアからキまでの語（句）を並びかえ，そのかな符号を書きなさい。

⑹ 次の１から４までの文が，本文に書かれていることと一致していれば○，一致していなければ×を書きなさい。

1 Sleeping is important, so everyone sleeps for more than eight hours every day.

2 Lack of sleep causes people diseases and mistakes.

3 Studying all night is not a good way to get great scores.

4 People who do not sleep well these days should not change their lifestyle soon.

[2] エバン（Evan）と正樹（Masaki）が会話をしています。次の会話文を読んで，あとの⑴から⑸までの問いに答えなさい。

Evan : It's February! We are going to graduate in just one month! I don't want to say goodbye to my friends here.

Masaki : [1] We made a lot of memories in this school. Evan, what is your best one?

Evan : [2] It was the first time to visit Kyoto.

Masaki : Yes, we had a great time there. I was surprised that so many foreigners were in Kyoto. It took about 30 minutes to cross Togetsukyo Bridge, and the main street was like Takeshita Dori in Harajuku!

Evan : [3] Now, ①[ア of ／ イ visit ／ ウ number ／ エ Kyoto ／ オ great ／ カ a ／ キ tourists], and it causes some problems. I saw some trash on the street. I felt sad.

Masaki : ②We (h　　　) to take our trash home. I think that is the etiquette. Increasing tourists is good for Japan, but we need to solve problems caused by ③it.

(注) graduate 卒業する cross を渡る Togetsukyo Bridge 渡月橋 Takeshita Dori 竹下通り
tourist 観光客 cause を引き起こす trash ごみ etiquette エチケット

⑴ 会話の文として最も適当なものにするには，[1] と [3] に次のアからウのどれを入れたらよいか，そのかな符号を書きなさい。ただし，いずれも一度しか用いることができません。

ア It is our school trip for me. イ I think so, too.
ウ I was surprised, too.

⑵ 下線部①が「非常に多数の観光客が京都を訪れる」という意味になるように，[ ] 内のアからキまでの語を正しい語順に並べ替え，２番目と４番目にくる語のかな符号を書きなさい。

⑶ 下線部②の（ ）に最も適当な語を入れて，英文を完成させなさい。ただし，（ ）内に文字が示されているので，その文字で始まる語を解答すること。

⑷ 下線部③の it が指している最も適当な内容を次のアからエまでの中から選んで，そのかな符号を書きなさい。

ア 卒業 イ 修学旅行 ウ ごみの持ち帰り エ 観光客の増加

⑸ 本文の内容に合う英文となるように，（X）と（Y）にあてはまる最も適当な語を書きなさい。

Evan's best （ X ） in his school is his school trip to Kyoto. There were so many tourists from foreign countries. He saw some trash on the street. It becomes one of the （ Y ） of sightseeing.

[3] 次の⑴から⑸までの日本語の意味に合うように，（ ）内の語（句）を正しい順序に並べかえ，そのかな符号を書きなさい。（文頭の文字も小文字で書いてあります。）

⑴ 私には，父が医者である友達がいます。
I （ア is イ whose ウ a friend エ have オ father） a doctor.

⑵ 奥穂高岳は日本で３番目に高い山です。
Mt. Okuhotaka is （ア highest イ the ウ third エ in オ mountain） Japan.

⑶ 私はシンガポールに２回行ったことがあります。
I （ア been イ Singapore ウ have エ twice オ to）.

⑷ 誕生日プレゼントを選ぶことは簡単ではありません。
To （ア birthday イ a ウ choose エ present オ isn't） easy.

⑸ 釣りをしに琵琶湖に行ってみてはどうですか。
（ア don't イ why ウ fishing エ go オ you） in Lake Biwa?

[4] ビクター（Viktor）と賢斗（Kento）が会話をしています。二人の会話が成り立つように，下線部①から③までのそれぞれの（ ）内に，最も適当な語を入れて，英文を完成させなさい。

Kento : Hi, Viktor. ① Did you see the badminton games （ ） TV last night?
Viktor : Of course, I did! I was so excited especially at the final of men's singles. Japanese top player won the game and became a back-to-back world champion.
Kento : And at the women's doubles, the final was "Japanese vs. Japanese" game.
Viktor : ② I heard （ ） the team Japan is becoming stronger these days.

Kento : I know it. As a result, they got six medals in these tournaments.

Viktor : That's incredible! We can expect that Japanese badminton players will get gold medals at the Tokyo Olympics in 2020.

Kento : But here is a problem. Though only two players and pairs can join the Olympics from one country, there are three pairs in the first, second and third in the world ranking of the women's doubles.

Viktor : So, one of them will lose a chance to join it. That's really severe.

Kento : ③Anyway, because of them, badminton becomes ( ) and more popular. I'm very happy as a player.

Viktor : Me, too. We should support BIRD JAPAN.

Kento : What's that?

Viktor : It is the name of the team Japan.

Kento : That sounds cool. I'll be a member of BIRD JAPAN in the future.

(注) final 決勝戦　singles シングルス　back-to-back 連続した　champion チャンピオン
doubles ダブルス　as a result 結果として　medal メダル　expect を期待する
Olympics オリンピック　pair ペア　ranking ランキング　support を応援する

オ　恵まれた環境を作り出すことに成功したこと。

(四)　次の文章「それらは、白、黒、赤、紫ないし黄色など土の色そのままの膚（はだ）を見せて、砂の波間から頭をもちあげて山なみをつくる。」は、本文中のどこに入るか。この文章に続く部分の五字を抜き出しなさい。

(五)　③このような池　とはどのような池か。池に続くように三十九字で抜き出し、最初の五字を書きなさい。

(六)　④小さな鏡をおとしたように光っている　に使われている表現技法を次のアからエまでの中から選んで、そのかな符号を書きなさい。

ア　直喩　　イ　暗喩　　ウ　擬人法　　エ　倒置法

四　次の文章を読んで、あとの(一)から(五)までの問いに答えなさい。

治承四年①卯月のころ、中御門京極のほどより大きなる辻風起こりて、六条わたりまで吹けることはべりき。

三、四町吹きまくる間に、こもれる家ども、大きなるも小さきも、一つとして破れざるはなし。さながら平に倒れたるものあり、桁・柱ばかり残れるもあり。門を吹き放ちて四、五町ほかに置き、また、垣を吹き払ひて隣と一つになせり。いはむや、家のうちの資材、数を尽くして空にあり。檜皮・葺板のたぐひ冬の木の葉の風に乱るるがごとし。塵を煙のごとく吹きたてれば、すべて目も見えず。②おびただしく鳴りよどむほどに、もの言ふ声も聞こえず。かの地獄の業の風なりとも、③かばかりにこそはと覚ゆる。家の損亡せるのみにあらず、これを取り繕ふ間に、身をそこなひかたはづける人、④数も知らず。この風、⑤未の方に移りゆきて、多くの嘆きなせり。

（鴨長明『方丈記』による）

(一)　①卯月　とは陰暦の何月に当たるか。漢数字で答えなさい。

(二)　②おびただしく鳴りよどむ　の主語を本文中より抜き出しなさい。

(三)　③かばかりにこそはと覚ゆる　について、「このくらいのものであろうと思われる」という現代語訳になる。「このくらいのもの」が示す部分を本文中より、六字で抜き出しなさい。

(四)　④数も知らず　とは何の数のことか。次のアからエまでの中から選んで、そのかな符号を書きなさい。

ア　風が吹いて壊れた家の数。

イ　辻風が起こった日数。

ウ　家を修理してけがをした人の数。

エ　飛んでいった塵の数。

(五)　⑤未の方　の「未」とは十二支の一つである。その読みをひらがなで書きなさい。

海のほとりから東北に向かって大地を浸し洗って、大陸のまん中、つまり内陸アジアをもおおいつくしている。 B 、アジア大陸は、北側に広がる森林世界と、東側から南側におよぶ緑野の世界との間に、広大な黄灰色の砂のクサビが打ち込まれているのだ。雨がほとんど降らないことはいうまでもない。

したがって山々はすべて赤裸《せきら》である。そのあるものは、高い部分に、雪を積もらせ、氷を結ばせて白い頭を見せている。いくらかの湿気が、外洋から上空を流れてくるためらしい。夏が訪れて、その氷雪がとけはじめると、山の膚を刻んでいる無数のシワは、川と化して水を運び下ろす。水流は、砂漠にとどくとたちまちに砂に吸い取られてしまう。なかには、いくらか地表を流れるものがあっても、たいていは真夏になると水が乾き上がり、流水の跡を残すにすぎない。地図を見るとこの種の流水も川として青線で示してあるが、それはただ記号にすぎず、実際に一年中にわたって水を流し続けている川は、たいへん少ない。

地下に吸いとられた水は、地下水となる。むろんその存在は、焼けつくような砂の広がりにおおわれて、推測もつかない。しかしその地下水の存在する部分にも行程がある。その高位の部分には、根を長く伸ばしうる性質を恵まれている草、ないしは水分を体内に保つことのできる性質をもつ草、たとえばサクサウルやラクダ草などまばらに生えている。これをステップと呼ぶ。日本では、まことに不適当だが、これを「草原」と訳している。 C 実体は、この二文字から受取られるような草の褥ではない。概して半砂漠と表示されてもよい場合が多い。

なかには、地下水が地表ににじみ出して、小さな池を作っているところも目につく。その水の多くは塩分が強い。むろん水量も少ないから、牛飼いや羊飼いに利用されたり、隊商たちに格好の休憩地を与え、かつ道しるべとなるだけである。つまり、そこに人間が住みついて生活する場所にならなかった。砂漠や半砂漠の上には、ときどき③このような池があり、なかには池水が乾きあがって、ただ塩だけを残し、あたかも白い盆を砂の上に置いたように見える部分もある。航空機のまどから下界をみていると、広漠とした乾砂の広がりのなかに、④小さな鏡をおとしたように光っている。それが乾湖にほかならない。そのあるものには、白い乾湖に黒い筋が引かれている。その黒い筋こそは、隊商路、すなわちキャラバン・ルートにほかならない。

アジアのこの部分に、自然が与えた姿はただこれだけである。なんとも単調で、荒涼とした国土ではないか。

（松田壽男『シルク・ロード紀行』による）

(一) A から C までのそれぞれに当てはまる最も適当なことばを、次のアからキまでの中から選んで、そのかな符号を書きなさい。

ア だから　イ それでは　ウ かつ　エ そのうえ
オ ようやく　カ しかし　キ もちろん

(二) ①そこ が示す内容を、本文中から五字で抜き出しなさい。

(三) ②人間の知恵の無限さに驚くのである の内容として、最も適当なものを、次のアからオまでの中から選んで、そのかな符号を書きなさい。

ア 日本人が田や畑を作り出してきたこと。
イ 乾燥アジアで厳しい自然に闘いをいどみ続けていること。
ウ 日本人が乾燥アジアで、環境活動をしていること。
エ 日本から出て、穏やかな気候の世界に接していること。

エ　他を開放するのではなく、自分を開放していく
オ　他も自分も開放しない

㈣　②これ　が示す内容を、本文中から十字以内で抜き出しなさい。

㈤　③あたふた　とあるが、その使い方として間違っているものを次のアからオまでの中から一つ選んで、そのかな符号を書きなさい。
ア　チコちゃんに叱《しか》られて、あたふたした。
イ　彼女の髪が、風にあたふたとなびいている。
ウ　突然の告白にあたふたした。
エ　急な来客を、兄弟であたふたと迎えた。
オ　何から片付けてよいかわからず、あたふたしてしまった。

㈥　④□□　に当てはまる語句を本文中から二字で抜き出しなさい。

㈦　Ⅱ　に当てはまる「その時その場に応じた行動をとること」の意味を持つ四字熟語として最も適当なものを、次のアからオまでの中から一つ選んで、そのかな符号を書きなさい。
ア　言行一致　イ　好機到来　ウ　針小棒大
エ　美辞麗句　オ　臨機応変

二　次の㈠、㈡の問いに答えなさい。

㈠　次の①、②の文中の傍線部について、漢字はその読みをひらがなで書き、カタカナは漢字で書きなさい。
①　今日の夕飯のコンダテが気になった。
②　誰もが彼の卓抜な才能を認めている。

㈡　次の③、④の文中の傍線部と同じ漢字を用いるものを、あとのアからエまでの中から一つ選んで、そのかな符号を書きなさい。
③　豪カな外観の建物に圧倒される。
ア　応募した作品がカ作に選ばれた。
イ　事務室に電話をカ設する。
ウ　カ麗なドレスで会場を魅了する。
エ　物語はカ境に入ってきた。
④　試合中にものすごいカン声が聞こえた。
ア　カン光旅行に京都へ行く。
イ　友人を同じ部活動にカン誘する。
ウ　古い部品を交カンする。
エ　ご自由にごカン談ください。

三　次の文章を読んで、あとの㈠から㈥までの問いに答えなさい。

山は緑に、野には田や畑が広がる日本。その美しい自然と穏やかな気候にはぐくまれている私たちは、容易に自然のきびしさには気づかない。　A　、一歩を乾燥の世界に踏入れてみると、①そこには私たちにはとうてい想像もできなかったほどの、激しい砂と人とのたたかいがある。アジア大陸のほとんど三分の一におよぶこの乾燥アジアでは、自然の支配と重圧に対して、人間の知恵が何千年来、いや何万年にもわたって、戦いをいどみつづけているのだ。もちろんそれは、現在でも継続している。まのあたりにそれに接してみると、私たちがどれほど恵まれた生活を楽しんでいるかを、しみじみと感じるとともに、②人間の知恵の無限さに驚くのである。

この乾燥アジアには、別に砂漠アジアという呼び方もある。そのとおりに、見わたすかぎり乾きに乾いた砂の海である。その砂の波は、地中

【国　語】（四〇分）〈満点：一〇〇点〉

□一　次の文章を読んで、あとの㈠から㈦までの問いに答えなさい。

　では、刺激に免疫をつける生き方とはどういうものかと言うと、やっぱり、いろいろなことをやってみることだと思います。

　自分に合わないこともたくさんあるし、傷つくこともたくさんあります。でも、傷つかないままで行くと、一度傷つくとたいへんな騒ぎになります。（　Ａ　）、時々は傷ついたほうがいいんです。①抵抗力を養うためにも。

　そのためには、自分を開放するほうがいいと思います。

　それは、読者の方々を見ていて感じることもあるのです。私にも大人に比べれば数は少ないけれど若い読者がいまして、中にはわざわざローマに訪ねて来られる人もいるんです。その人たちを見ていると、「あっ、この人は上に行ったら伸びそうだな」とか「だめだな」というのがわかるんです。二十歳ぐらいではまだわかりませんけれど、二十代の後半になるとわかります。

　どういうことかと言うと、これには二つの特徴のようなものがあるんです。

　まず、好奇心が強いかどうかということです。好奇心というのは、言い換えれば、自分の殻を被《かぶ》って［　Ｉ　］ことです。そういう開放的な人って、これから伸びていく可能性があると思います。

　それと、もうひとつは、大胆であるということです。大胆なこととはあまり恐れないこと、傷を恐れないということです。若い人にしか許されない特権ですから、やっぱり若い人は②これを活用なさるのがいいと思います。

　今、日本の中高年は、大胆になれと言われているのに一向になれなくて、③あたふたしています。

　これは若い時から訓練を積んでいないからなんです。そういう人たちが、そのまま何ごともなく戦後五十年をやってきて、それが今、突然、自分たちで決めなくてはいけないという事態にぶつかったんです。（　Ｂ　）、情報の集め方も知らなければ、選択肢はひとつに絞ることの他はまったくできない。これまでとはまったく違う事態に直面させられ、どうすればいいのか、決定することができない。

　これから生きていこうとしているあなた方には、やはり、開放的で④□□であることを身につけていただいて、今の大人たちとは違った［　Ⅱ　］なフットワークを身につけて欲しいと思います。

（塩野七生『生き方の演習―若者たちへ―』による）

㈠　（Ａ）・（Ｂ）に当てはまる最も適当なことばを、次のアからオまでの中からそれぞれ選んで、そのかな符号を書きなさい。

ア　および　　イ　しかし　　ウ　なぜならば
エ　だから　　オ　また

㈡　①抵抗力を養うと同じような意味を表している表現を、本文中から六字で抜き出しなさい。

㈢　文中の［　Ｉ　］に当てはまる最も適当なものを、次のアからオまでの中から一つ選んで、そのかな符号を書きなさい。

ア　自分を拒絶するのではなく、他者を開放していく
イ　自分を開放するのではなく、他者を開放していく
ウ　他を拒絶するのではなく、自分を開放していく

2020年度

解　答　と　解　説

《2020年度の配点は解答欄に掲載してあります。》

＜数学解答＞ 《学校からの正答の発表はありません。》

1 (1) $-\frac{3}{2}$ (2) $\frac{13}{6}y$ (3) $3\sqrt{3}$ (4) $(x-y+2)(x-y-2)$

(5) $x=-2$, $y=3$ (6) 4 (7) 15 (8) $x=1$, -3 (9) 38°

2 (1) $\frac{5}{8}$ (2) ア ADE イ ACE ウ CBD (3) ① $y=2x+24$

② (10, 20) (4) 57

3 (1) 106° (2) ① 2：1 ② 8倍 (3) ① $64\pi\,\mathrm{cm}^3$ ② $52\pi\,\mathrm{cm}^2$

○推定配点○

1 各5点×9((5)・(8)各完答) 2 (2) 各2点×3 他 各5点×4 3 (1) 5点

他 各6点×4 計100点

＜数学解説＞

1 (数・式の計算，平方根，因数分解，連立方程式，式の値，数の性質，二次方程式，角度)

(1) $\left(\frac{2}{5}\right)^2\times(-10)+\frac{5}{2}\div(-5)^2=\frac{4}{25}\times(-10)+\frac{5}{2}\times\frac{1}{25}=-\frac{8}{5}+\frac{1}{10}=\frac{-16+1}{10}=-\frac{3}{2}$

(2) $\frac{1}{3}(2x+5y)-\frac{1}{6}(4x-3y)=\frac{2(2x+5y)-(4x-3y)}{6}=\frac{4x+10y-4x+3y}{6}=\frac{13}{6}y$

(3) $4\sqrt{3}+\frac{9}{\sqrt{3}}-2\sqrt{12}=4\sqrt{3}+\frac{9\times\sqrt{3}}{\sqrt{3}\times\sqrt{3}}-2\sqrt{2^2\times3}=4\sqrt{3}+3\sqrt{3}-4\sqrt{3}=3\sqrt{3}$

(4) $x^2-2xy+y^2-4=(x-y)^2-2^2=\{(x-y)+2\}\{(x-y)-2\}=(x-y+2)(x-y-2)$

(5) $3(x-2)-4(2y+1)=-40$より，$3x-8y=-30$…① $2(3x+4)=y-7$より，$y=6x+15$…② ②を①に代入して，$3x-8(6x+15)=-30$ $-15x=30$ $x=-2$ これを④に代入して，$y=6\times(-2)+15=3$

(6) $x=\sqrt{5}-2$のとき，$x+2=\sqrt{5}$ 両辺を2乗して，$(x+2)^2=(\sqrt{5})^2$ $x^2+4x+4=5$ 両辺から1を引いて，$x^2+4x+3=4$

(7) $\sqrt{\frac{12n}{5}}=\sqrt{\frac{2^2\times3\times n}{5}}$より，$\sqrt{\frac{12n}{5}}$が自然数となるような，最も小さい自然数$n$の値は，$n=3\times5=15$

(8) $(x+4)^2-1=2(x+2)(x+3)$ $x^2+8x+16-1=2x^2+10x+12$ $2x^2-x^2+8x-10x+16-1-12=0$ $x^2+2x-3=0$ $(x-1)(x+3)=0$ $x=1$, -3

(9) $\angle\mathrm{DBC}=a$，$\angle\mathrm{DCB}=b$とおく。三角形の内角の和は180°だから，$104+2a+2b=180$ $2a+2b=76$ $a+b=38$ 三角形の内角と外角の関係から，$\angle x=a+b=38$

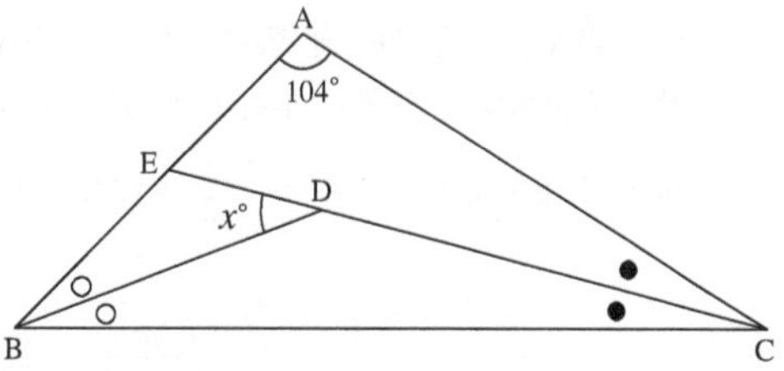

2 （確率，相似の証明，図形と関数・グラフ，方程式の応用）

(1)　3枚の硬貨100円，50円，10円を同時に1回投げるとき，表と裏の出方は全部で，$2\times2\times2=8$（通り）　このうち，表が出た硬貨の金額の合計が60円未満であるのは，(100，50，10)＝(裏，表，裏)，(裏，裏，表)，(裏，裏，裏)の3通りだから，求める確率は，$1-\frac{3}{8}=\frac{5}{8}$

基本　(2)　△AECと△BDCで，仮定より，∠ACE＝∠BCD…①　AD＝AEより，∠AED＝∠ADE(ア)…②　三角形の内角と外角の関係から，∠CAE＝∠AED－∠ACE(イ)…③，∠CBD(ウ)＝∠ADE－∠BCD…④　①，②，③，④より，∠CAE＝∠CBD…⑤　①，⑤より，2組の角がそれぞれ等しいから，△AEC∽△BDC

(3)　①　点A，Bは$y=x^2$上にあるから，そのy座標はそれぞれ，$y=(-4)^2=16$，$y=6^2=36$　よって，A(－4，16)，B(6，36)　直線ABの傾きは$\frac{36-16}{6-(-4)}=2$　直線ABの式を$y=2x+b$とおくと，点Aを通るから，$16=2\times(-4)+b$　$b=24$　よって，直線ABの式は，$y=2x+24$

重要　②　点Pの座標をP(s，t)とおく。AB//OP，AB＝OPより，点Pと点Oのx座標の差は，点Bと点Aのx座標の差と等しいから，$s-0=6-(-4)$より，$s=10$　同様に，点Pと点Oのy座標の差は，点Bと点Aのy座標の差と等しいから，$t-0=36-16$より，$t=20$

(4)　もとの2けたの整数の十の位の数をx，一の位の数をyとする。十の位の数と一の位の数を入れかえた数は，もとの整数より18大きいことから，$10y+x=10x+y+18$　$x-y=-2$…①　また，もとの数と入れかえた数との和は132であることから，$(10x+y)+(10y+x)=132$　$x+y=12$…②　①と②の連立方程式を解いて，$(x,\ y)=(5,\ 7)$　よって，もとの数は57

3 （角度，線分の長さの比，面積比，体積，表面積）

基本　(1)　弧ABに対する円周角なので，$\angle ACB=\angle ADB=\frac{1}{2}\angle AOB=79^\circ$　四角形CFDEの内角の和は360°だから，$\angle DEC=360^\circ-52^\circ-(180^\circ-79^\circ)-(180^\circ-79^\circ)=106^\circ$

重要　(2)　①　AD：DB＝4：3より，$AD=\frac{4}{7}AB$，$DB=\frac{3}{7}AB$　点Eを通り線分CDに平行な直線と辺ABとの交点をHとする。EH//CDより，AH：HD＝AE：EC＝5：3だから，$HD=\frac{3}{8}AD=\frac{3}{8}\times\frac{4}{7}AB=\frac{3}{14}AB$　EH//DFより，$BF:FE=DB:DH=\frac{3}{7}AB:\frac{3}{14}AB=2:1$

②　高さが等しい三角形の面積比は，底辺の長さの比に等しいことから，$\triangle CBE=\frac{2+1}{1}\triangle FCE=3\triangle FCE$　$\triangle ABC=\frac{5+3}{3}\triangle CBE=\frac{8}{3}\times3\triangle FCE=8\triangle FCE$　よって，△ABCの面積は△FCEの面積の8倍。

基本　(3)　①　四角形ABCDを辺ABを軸として1回転させてできる立体は，底面の半径が4，高さが5の円柱から，底面の半径が4，高さが3の円錐を引いたものになる。よって，$\pi\times4^2\times5-\frac{1}{3}\pi\times4^2\times(5-2)=64\pi$ (cm^3)

②　点Aから辺CDへ垂線AFを引く。△ADFに三平方の定理を用いると，$AD=\sqrt{4^2+3^2}=5$　求める表面積は，底面の半径が4，高さが3の円錐の表面積に，底面の半径が4，高さが2の円柱の側面積を加えたものだから，$\frac{1}{2}\times(2\pi\times4)\times5+\pi\times4^2+2\pi\times4\times2=52\pi$ (cm^2)

★ワンポイントアドバイス★

2(3)②は，点Pと点Oのx座標，y座標の差が，点Bと点Aのx座標，y座標の差とそれぞれ等しいことを利用することがポイントである。

3(2)①は，点Eを通り線分CDに平行な直線を引いて考えることがポイントである。

＜英語解答＞ 《学校からの正答の発表はありません。》

1 (1) イ　(2) the most important　(3) (A) when　(B) because
(4) エ　(5) イキエオアカウ　(6) 1 ×　2 ○　3 ○　4 ×

2 (1) 1 イ　3 ウ　(2) 2番目 オ　4番目 ア　(3) have　(4) エ
(5) (X) memory　(Y) problems

3 (1) エウイオア　(2) イウアオエ　(3) ウアオイエ　(4) ウイアエオ
(5) イアオエウ

4 ① on　② that　③ more

○推定配点○

1 (3) 各3点×2　他 各4点×8　2 (5) 各3点×2　他 各4点×6
3 各4点×5　4 各4点×3　計100点

＜英語解説＞

1 （長文読解問題・説明文：語句補充，不定詞，比較，語句整序，内容吟味）

（全訳）　平均して一日に何時間寝ますか？　調査によると人は平均して一日に約7から8時間寝ます。また，人は人生の3分の1を寝て過ごすと言われています。つまり60歳の人は①人生の20年間を寝て過ごすのです。だから，睡眠は日々の生活で②最も重要な活動の1つなのです。ほとんどの人がよく寝る必要があることを知っていますが，みんながいつも平均時間を眠ることはできません。夜遅くまで長く働く人たちがいて，彼らは寝る時間を減らさなくてはなりません。彼らは3，4時間しか眠らず，次の日にいつも通りに仕事に向かうのです。

今，多くの人たちが十分な睡眠をとれていないことを心配しており，これが悪い要因を引き起こしています。例えば病気や多くのミスをしたり，深刻な事故を引き起こしたりする可能性が高くなります。彼らは簡単な仕事をしているAときでさえよく不注意なミスをします。別の場合では，バスやトラックの運転手が交通事故を起こしたニュースをときどき聞きます。だから，十分な睡眠がとれないときに全力を尽くすことはとても難しいのです。

一方，いい眠りは人をいい状態に保ちます。また，記憶をよりよくします。例えば，試験前に生徒は③いい点数を取るために寝ないで夜遅くまで一生懸命勉強をします。しかし，寝ている間に記憶は良くなるので，一晩中勉強をするのはいい方法ではありません。テストで高い点数を取りたい生徒は④一生懸命に勉強するだけでなく，十分に寝ることもしなければなりません。

今，多くの人たちが毎日忙しい生活を送っているので，多くの睡眠を取ったり，よりよい眠りを得たりすることは難しいかもしれません。しかし，人は寝ることなしでは生きられないので，できる限りよい睡眠を取らなくてはなりません。よい睡眠はいい影響を与えるからです。最近よく眠れていますか？　もし答えが「いいえ」ならば生活スタイルを変える必要があるかもしれません。いい睡眠はあなたを幸せにしますが，睡眠不足は悪い状態のままになります。生活をよりよいものにするために，いい睡眠を取ることが大切です。Bなぜなら睡眠時間は人生の3分の1と大体同じだからです。

重要 (1)　空欄を含む文の in other words「つまり，言い換えれば」があるので，第1段落第3文を具体的に説明していると考える。

基本 (2)　〈the most ＋形容詞〉，〈the ＋形容詞の最上級〉で「最も～な」という最上級を表す。important は most を使う。

(3)　(A)　even when は「～のときでさえ」の意味。　(B)　A because B で「BなのでA」

(4)　③の「～するために」は動詞を修飾する副詞的用法で，エ「世界中の人たちと話すために英語を勉強する」と同じ。　ア「私の将来の夢は医者になることだ」は「～すること」を表す名詞的用法。　イ「そのニュースを聞いてとても悲しかった」は「～して」と感情の理由を表し形容詞を修飾する副詞的用法。　ウ「私はするべき宿題がたくさんある」は「～するべき」を表し名詞を修飾する形容詞的用法。

(5)　not only ～ but also … で「～だけでなく…も」。助動詞の must は「～しなければならない」高得点のために勉強ばかりしがちだが，睡眠も大事という内容。

やや難 (6)　1「睡眠は大切なのでみんなが毎日8時間以上寝ている」(×)　第1段落参照。　2「睡眠不足は人に病気やミスをもたらす」(○)　第2段落第1，2文参照。　3「一晩中勉強することはいい点数を取るにはいい方法ではない」(○)　第3段落第3文以降参照。　4「最近よく眠れない人たちはすぐに生活スタイルを変えるべきではない」(×)　第4段落参照。

2　**(会話文読解問題：語句補充，語句整序，指示語，要旨把握)**

(全訳)　エバン：2月だ！　ちょうど1か月で卒業するんだね！　ここの友達にさよならを言いたくないよ。

正樹　：1僕もそう思うよ。この学校でたくさんの思い出を作ったね。エバン，一番の思い出は何？

エバン：2僕にとっては修学旅行だよ。京都に行ったのは初めてだったんだ。

正樹　：そうだね，そこで素晴らしい時間を過ごしたよね。とてもたくさんの外国人が京都にいて驚いたよ。渡月橋を渡るのに30分くらいかかったし，大通りは原宿の竹下通りみたいだったね！

エバン：3僕も驚いたよ。今①非常に多数の観光客が京都を訪れていて，それがいくつかの問題を引き起こしているんだ。道にごみがあるのを見たよ。悲しかったな。

正樹　：②ごみは家に持って帰らないといけないよね。これはエチケットだと思う。観光客が増えることは日本にはいいことだけど，③それによって引き起こされる問題を解決する必要があるね。

(1)　全訳参照。

(2)　(Now) a great number of tourists visit Kyoto(,)　a great number of「多数の～」

基本 (3)　have to に動詞の原形を続けて「～しなければならない」の意味。

(4)　it は前述された名詞や文内容を指す。ここでは同じ文の increasing tourists を指している。最後のエバンの発話も参考にする。

重要 (5)「エバンの学校での一番のX思い出は京都への修学旅行です。外国からの観光客がとてもたくさんいました。道にごみがあるのを見ました。これは観光Y問題の1つとなっています」(X)　1つ目の正樹の発話，2つ目のエバンの発話参照。一番の思い出は1つで単数なので memory とする。　(Y)　正樹の最後の発話参照。one of ～ に複数の名詞を続けて「(複数の)～の1つ」という意味になるので problems となる。

3 (語句整序問題：関係代名詞，比較，現在完了，不定詞，分詞)

(1) (I) have a friend whose father is (a doctor.)　I have a friend. と Her [His] father is a doctor. をつなげた文。所有格の関係代名詞 whose を Her [His] と代える。whose の後ろには名詞が続く。

(2) (Mt. Okuhotaka is) the third highest mountain in (Japan.)　〈the ＋最上級＋名詞〉で「1番～な(名詞)」という最上級の意味だが，the のあとに数詞を用いることで「～番目に～な」と表現できる。

重要 (3) (I) have been to Singapore twice(.)　have [has] been to ～ で「～に行ったことがある」という経験を表す現在完了の表現。

(4) (To) choose a birthday present isn't (easy.)　〈to ＋動詞の原形〉で「～すること」という不定詞の名詞的用法。

(5) Why don't you go fishing (in Lake Biwa?)　Why don't you ～？は「～したらどうですか」という表現。go fishing「釣りをしに行く」

4 (会話文問題：語句補充)

賢斗　　：やあ，ビクター。①昨日の夜テレビでバドミントンの試合見た？
ビクター：もちろん，見たよ！　男子シングルスの決勝では特に興奮したよ。日本のトップ選手が試合に勝って，連続の世界チャンピオンになったね。
賢斗　　：それで女子のダブルスでは決勝が「日本人対日本人」の試合だったね。
ビクター：②日本チームは最近強くなっていると聞いたよ。
賢斗　　：知ってるよ。結果としてこのトーナメントで6個のメダルを取ったね。
ビクター：信じられないよね！　日本人のバドミントン選手たちが2020年の東京オリンピックで金メダルを取ると期待できるね。
賢斗　　：でも問題が一つ。1か国からは2選手と2ペアだけがオリンピックに参加できるんだけど，女子のダブルスには世界ランキングが1位，2位，3位の3ペアがいるんだよ。
ビクター：じゃあ，その1ペアが参加するチャンスを失うんだね。それは本当に厳しいね。
賢斗　　：③とにかく，彼らのおかげでバドミントンがますます人気になるよ。僕は一人の選手としてとても嬉しいよ。
ビクター：僕もだよ。バードジャパンを応援しないとね。
賢斗　　：それは何？
ビクター：日本チームの名前だよ。
賢斗　　：カッコいいね。僕は将来バードジャパンのメンバーになるよ。

基本 ①　on TV で「テレビで」の意味。

②　that は接続詞「～ということ」で think や hear などのあとに使われるが省略されることがよくある。

③　more and more で「ますます」の意味。

★ワンポイントアドバイス★

3の語句整序問題は基本的な文法知識が問われている。出題されている文は短めなので，教科書や参考書の例文をよく理解しておけば，時間をかけすぎずに取り組めるだろう。

＜国語解答＞ 《学校からの正答の発表はありません。》

一　(一)　A　エ　B　イ　(二)　免疫をつける　(三)　ウ　(四)　大胆であるということ(10字)　(五)　イ　(六)　大胆　(七)　オ

二　(一)　①　献立　②　たくばつ　(二)　③　ウ　④　エ

三　(一)　A　カ　B　ア　C　キ　(二)　乾燥の世界　(三)　イ　(四)　そのあるも　(五)　牛飼いや羊　(六)　ア

四　(一)　四　(二)　辻風　(三)　地獄の業の風　(四)　ウ　(五)　ひつじ

○推定配点○

一　(一)　各3点×2　(五)・(七)　各4点×2　他　各5点×4　二　各2点×4

三　(一)　各3点×3　(六)　4点　他　各5点×4　四　各5点×5　計100点

＜国語解説＞

一　(論説文―内容吟味，指示語，接続語，脱文・脱語補充，語句の意味，四字熟語)

(一)　Aは，直前の内容を理由とした内容が続いているので，エが当てはまる。Bは，直前の内容とは相反する内容が続いているので，イが当てはまる。

重要　(二)　刺激に「免疫をつける(6字)」生き方はいろいろなことをやってみることである，ということの説明として，傷つくこともたくさんあるが，傍線部①のためにも，時々は傷ついたほうがいい，と述べているので，①と同じような意味を表しているのは「免疫をつける」である。

やや難　(三)　空欄Ⅰまでで，時々は傷ついて免疫をつける生き方をするためには自分を開放するほうがよく，その特徴として，好奇心が強いことを挙げている。空欄Ⅰは，その好奇心の説明であり，開放的な人のことなので，「他を拒絶するのではなく，自分を開放していく」とあるウが適当。

(四)　傍線部②は，「大胆であるということ(10字)」を指しており，若い人は「これ」を活用するのがいい，ということを述べている。

(五)　「あたふた」は，あわてふためくさま，という意味なので，イの使い方が間違っている。

(六)　傍線部④前までで，免疫をつける生き方のために，好奇心が強く開放的であることと，大胆であることを勧めている。傍線部④を含む文も，「これから生きていこうとするあなた方」に身につけてほしいことを述べているので，空欄には「大胆」が当てはまる。

基本　(七)　他の意味は，アは言っていることと行動が一致していること。イは絶好の機会に恵まれること。ウはささいなことを大げさに言うこと。針ほどの小さいことを棒のように大きく言うことから。エはうわべを美しく飾ったことば。中身のない，きれいごとだけのことばの意味で用いられることが多い。

二　(漢字の読み書き)

重要　(一)　①は，料理の種類や内容。②は，他のものをはるかに抜いてすぐれていること。

やや難　(二)　③「豪華」，ア「佳作」イ「仮設」ウ「華麗」エ「佳境」。④「歓声」，ア「観光」イ「勧誘」ウ「交換」エ「歓談」。

三　(随筆文―内容吟味，文脈把握，指示語，接続語，脱文・脱語補充，表現技法)

(一)　空欄Aは直前の内容とは相反する内容が続いているので，カが適当。Bは，直前の内容を理由とした内容が続いているので，アが適当。Cは，言うまでもなくはっきりしているさまという意味で，キが適当。

(二)　傍線部①は，直前の「乾燥の世界」を指しており，「乾燥の世界」には私たちにはとうてい想像もできなかったほどの，激しい砂と人のたたかいがある，という文脈になっている。

やや難 (三) 傍線部②は，アジア大陸のほとんど三分の一におよぶ乾燥アジアで，自然の支配と重圧に対して，人間の知恵が何万年にもわたって，現在でも継続して戦いをいどみつづけている，ということに対するものなので，イが適当。「人間の知恵の無限さ」，すなわち，何万年にもわたって，現在でも継続して戦いをいどみつづけていることを説明していない他の選択肢は不適当。

(四) 設問の文章の「それら」は，土の色そのままの膚を見せて，つくられている山なみのことで，「したがって……」で始まる段落冒頭の「山々」の説明として「それらは……」の文章が入り，その山々のうちのひとつの「そのあるものは……」と続いている。

重要 (五) 傍線部③は段落冒頭で述べているように，地下水が地表ににじみ出して作られた小さな池のことで，具体的には「牛飼いや羊飼いに利用されたり，隊商たちに格好の休息地を与え，かつ道しるべとなる(39字)」池のことである。

基本 (六) 傍線部④は「ように」を用いて「乾湖」を「小さな鏡」にたとえているので，アが使われている。イは「ように」などを用いずに，直接他のものにたとえる技法。ウは，人間ではないものを人間に見立てて表現する技法。エは，文節を普通の順序とは逆にする技法。

四 **(古文一内容吟味，指示語，漢字の読み，文と文節)**

〈口語訳〉 治承四年四月のころ，中御門京極のあたりから大きなつむじ風が起こって，六条(大路)あたりまで吹いたことがあった。

三，四町を吹き荒れる間に，(つむじ風に)囲まれている家々は，大きいものも小さいものも，ひとつとして破壊されないものはない。完全に平らに倒れた家もあれば，桁や柱だけが残っているものもある。(つむじ風は)門を吹き飛ばして四，五町離れたところに置き，また，垣根を吹き払って隣(の家)と一つにしてしまった。まして，家の中の財産は，残らず空に吹き上げられてしまった。檜の皮や屋根板のたぐいは冬の時期の木の葉が風に吹き乱れているかのようである。塵を煙のように吹き立てるので，まったく目も見えない。(つむじ風の音が)騒がしく鳴り響くので，ものを言う声も聞こえない。あの地獄の業の風であっても，このくらいのものであろうと思われる。家が壊れてなくなるだけではなく，家を修理する間に，身体を傷つけ不自由になった人は，数もわからない(ほど多い)。このつむじ風は，南南西の方角に移って行って，多くの人を嘆かせた。

基本 (一) 傍線部①は「うづき」と読み，陰暦の四月に当たる。

(二) 傍線部②の主語は，冒頭で述べている「辻風」である。「三，四町……」以降は，「辻風」による被害の様子を述べている。

重要 (三) 傍線部③は，直前の「地獄の業の風(6字)」を指しており，地獄の業の風も「このくらいのもの」であろうと思われる，という文脈になる。

やや難 (四) 傍線部④は「身をそこなひかたはづける人」＝辻風によって壊れた家を修理する間に，身体を傷つけ，不自由になった人のことなので，ウが適当。

(五) 傍線部⑤は「ひつじ」と読む。十二支の読みは，子(ね＝ねずみ)・丑(うし)・寅(とら)・卯(う＝うさぎ)・辰(たつ)・巳(み＝へび)・午(うま)・未(ひつじ)・申(さる)・酉(とり)・戌(いぬ)亥(い＝いのしし)。

★ワンポイントアドバイス★

随筆文では，筆者の体験を通して，筆者がどのように感じているかを読み取っていこう。

MEMO

大切なことはメモしておこうネ！

2019年度

★★★★★★★★★★★★★★★★★★★★★★★★

入　試　問　題

2019年度

誠信高等学校入試問題

【数　学】（40分）　　＜満点：100点＞

1　次の(1)から(9)までの問いに答えなさい。

(1)　$3\times(-2)^2+(-12)\div 3$ を計算しなさい。

(2)　$\dfrac{2x-1}{2}-\dfrac{x-2}{3}$ を計算しなさい。

(3)　$8\sqrt{5}-\dfrac{10}{\sqrt{5}}+2\sqrt{125}$ を計算しなさい。

(4)　$2x^2y-4xy-6y$ を因数分解しなさい。

(5)　方程式 $x^2+2=2x(x-1)$ を解きなさい。

(6)　$2\sqrt{5}$の小数部分を x とするとき，x^2+8x の値を求めなさい。

(7)　整数の範囲で次のアからエの計算をしたとき，その結果が常に整数となるものをすべて選び，そのかな符号を書きなさい。

ア　加法　　イ　減法　　ウ　乗法　　エ　除法

(8)　$a-2<\sqrt{29}<a+2$ を満たす自然数 a をすべて求めなさい。

(9)　右の図で∠ x の大きさを求めなさい。

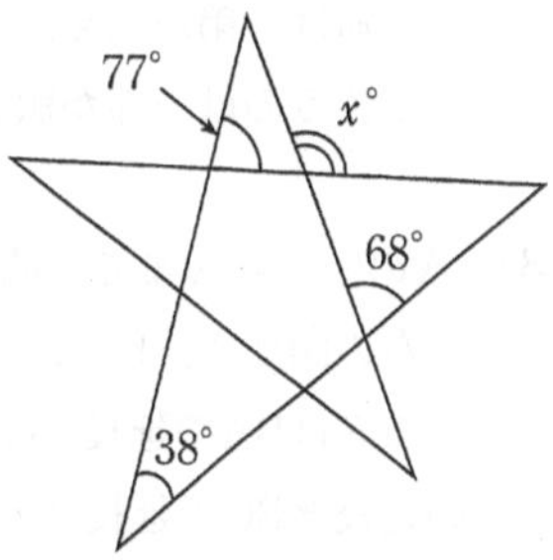

2　次の(1)から(4)までの問いに答えなさい。

(1)　2，3，5，7，8 の数字が書かれた5枚のカードから同時に2枚のカードを取り出すとき，2枚のカードに書かれている数字の和が3の倍数である確率を求めなさい。

(2)　右の図で△ABC，△ADEはともに正三角形で，点Dは辺BC上にある。
このとき，△ABD≡△ACE であることを次のページのように証明した。空欄アからウに最も適した記号やことばを書きなさい。

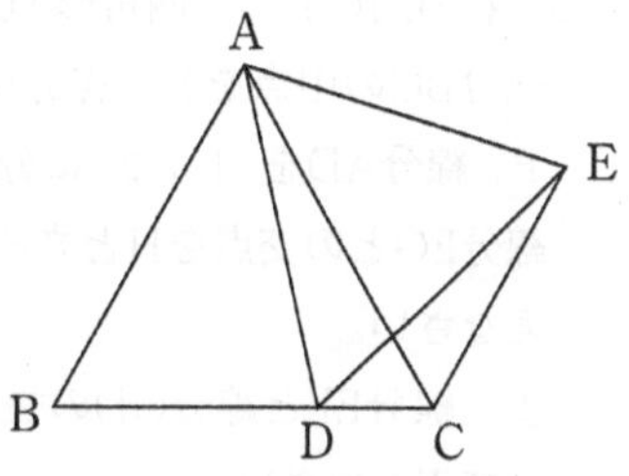

△ABDと△ACEについて
AB＝AC……①
AD＝ ［ア］ …②
∠BAD＝60°－∠ ［イ］ ，∠CAE＝60°－∠ ［イ］ より
∠BAD＝∠CAE…③
①，②，③より， ［ウ］ がそれぞれ等しいから △ABD≡△ACE

(3) 右の図のように，２直線 $y=2x+10$…①，$y=-x+6$…② がある。
点Aは①上の点，点Dは②上の点，点B，Cはx軸上の点とする。
このとき，四角形ABCDが正方形となるように点Dの座標を求めなさい。
ただし，点Dのx座標は６以下の正の数とする。

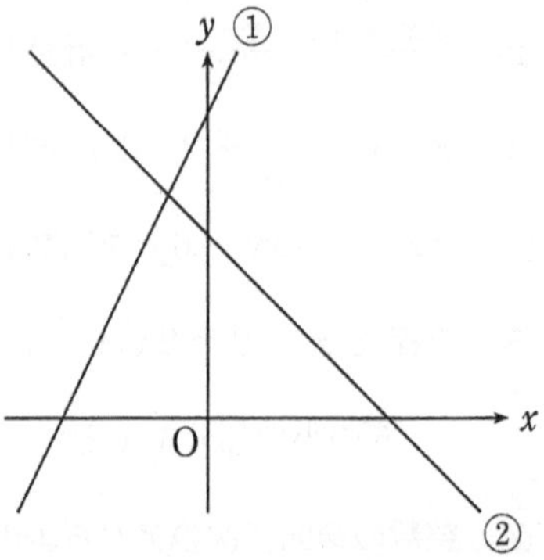

(4) 弟は家から８㎞離れた駅へ向かって，時速２㎞で歩き始めた。出発して30分後，買い物をするために10分間店に立ち寄った後，同じ速さで駅に向かった。このとき次の問いに答えなさい。

① 兄は，弟が家を出発して20分後に家を出た。弟が店に立ち寄っている間に兄が店を通り過ぎるためには，時速何㎞より速くなければならないか。

② 姉は，弟が家を出発してから40分後に駅から家に向かって時速４㎞で歩き始めた。姉と弟が出会うのは，姉が駅を出発して何分後ですか。

３ 次の(1)から(3)までの問いに答えなさい。

(1) 右の図でA，B，C，Dは円Oの周上の点である。また点EはBAの延長とCDの延長との交点で，点FはADの延長とBCの延長との交点である。
∠E＝26°，∠F＝32° のとき∠ABCの大きさを求めなさい。

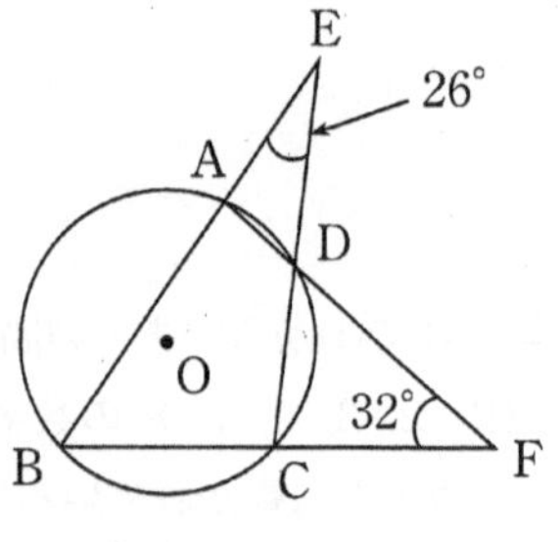

(2) 右の図において四角形ABCDは平行四辺形である。
線分BCの中点をE，線分BCを １：５ に分ける点をF，線分ADを １：２ に分ける点をGとし，線分DFと線分EGとの交点をHとする。このとき，次の問いに答えなさい。

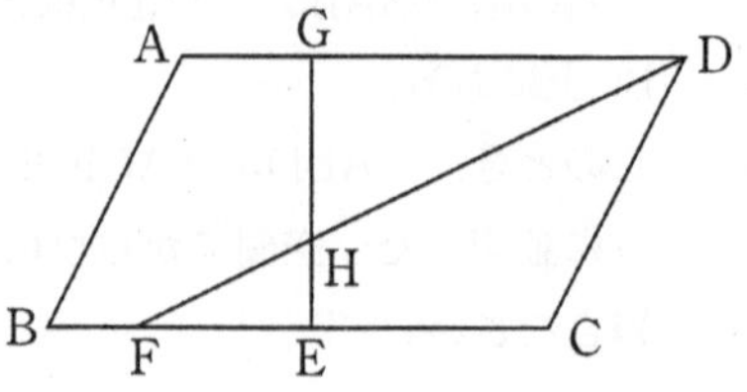

① 線分EFと線分GDの長さの比を，最も簡単な整数で表しなさい。

② 平行四辺形ABCDの面積が108cm^2のとき，四角形CDHEの面積を求めなさい。

⑶ 右の図は，AB＝５㎝，BC＝７㎝，AE＝10㎝ の直方体である。
この直方体を１つの平面で切断したところ，切り口は四角形PQRSである。
線分AEを ４：１ に分ける点をP，線分CGを ２：３ に分ける点をR，線分DHの中点をＳとする。
次の問いに答えなさい。

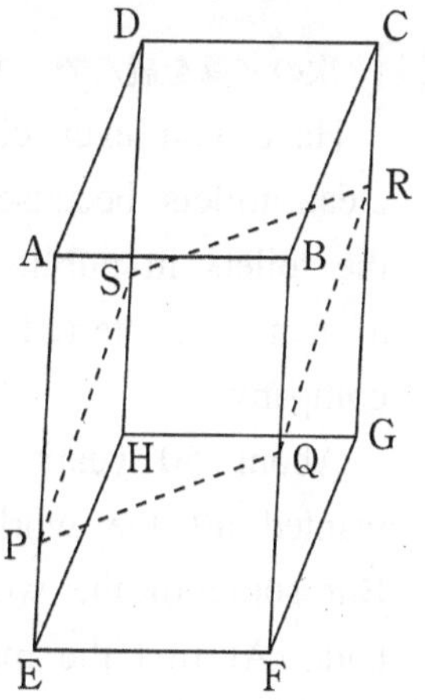

① 線分FQの長さを求めなさい。

② 点Ｆを含む立体の体積を求めなさい。

【英　語】（40分）　＜満点：100点＞

1　次の文章を読んで，あとの(1)から(6)までの問いに答えなさい。

Have you ever cleaned the toilet in your house? Some people don't want to clean toilets because they are usually dirty. But there are volunteers who clean the toilets in public places like parks and schools. Among these people, there is a man who started cleaning toilets for his company. He is the president of the company.

About 50 years ago, the man started cleaning toilets for his company. He wanted all the workers of his company to (A) their (B) in their work. But some of the workers were tired and didn't feel happy, so their manners were bad. At first the man didn't know what to say to them. He knew that the office and the toilets in the company building were very dirty. Then he thought, "The workers will feel happy if they can work in a clean office." So with this idea, he started to clean all the toilets in the company building. Some of the workers were surprised and said, "Why is our president doing such a thing? He should do his work as president." But he still cleaned them every day.

After a few weeks, some workers began to understand his idea. They started to come early in the morning and helped him to clean all the toilets in the company building. Soon more workers started to help him. Finally all of the workers cleaned the toilets together.

Then, the man started cleaning the toilets in the public places near his company as a volunteer activity, and the people (C) near his company joined him. His volunteer activity made him very famous.

One day the man and the members of his volunteer group were (D) to a junior high school. They found that many of the toilets there were dirty. Some of them were broken. The teachers really wanted to make their school a happy place for every student. The man told the teachers that cleaning toilets was important for making their school a happy place. And ①[ア：the teachers and the students / イ：how / ウ：the toilets / エ：taught / オ：the group / カ：clean / キ：to]. Both the teachers and students worked hard together. After a year, the school became very clean and the students felt happy. They became kind to each other. No toilets were broken again.

Why do people change just by cleaning toilets? The man says, "You feel happy when you are in a clean place. Cleaning toilets can make you kind because you can learn it is important to work together. ②It can also make you strong because you need energy to finish something you start. So we should clean toilets for other people, and for ourselves, too."

（注） toilet　トイレ　　dirty　汚い　　public　公共の　　president　社長　　manner　態度

office　職場　　finally　最後に　　activity　活動　　energy　エネルギー
ourselves　私たち自身

⑴「最善を尽くす」という意味になるように，（A）（B）に最も適当な語を書きなさい。

⑵（C）（D）にあてはまる最も適当な語を，次の5つの語の中から選んで，正しい形にかえて書きなさい。

teach　　live　　give　　invite　　make

⑶　下線部①が「そのグループは先生と生徒たちにトイレをきれいにする方法を教えた。」という意味になるように，［　］内のアからキまでの語（句）を並びかえ，そのかな符号を書きなさい。

⑷　本文中では，ある会社の社長がトイレ掃除の意義について述べている。その中で間違っているものを，次のアからエまでの中から1つ選んで，そのかな符号を書きなさい。

ア　きれいな場所にいると，幸せな気分になれる。
イ　一緒に働くことの大切さを学べるために優しくなれる。
ウ　始めたことを終わらせるのにエネルギーが必要なために強くなれる。
エ　人の嫌がる仕事ができるために出世を早くすることができる。

⑸　下線部② It が指している最も適当な内容を次のアからエまでの中から選んで，そのかな符号を書きなさい。

ア　To work together　　　イ　A clean place
ウ　Cleaning toilets　　　エ　Something you start

⑹　次の1から4までの文が，本文に書かれていることと一致していれば○，一致していなければ×を書きなさい。

1　The president likes to clean toilets, so he cleans the toilets in his company.
2　The president cleans the toilets not only in his company but also in the public places near his company.
3　When the president and the members of his volunteer group went to a junior high school, all the toilets in the school were clean.
4　We should clean toilets for only ourselves.

2　ジョン（John）と優子（Yuko）が電話で会話をしています。次の会話文を読んで，あとの⑴から⑸までの問いに答えなさい。

John : Hello, this is John. [1]
Yuko : Speaking.
John : Hi, Yuko. [2]
Yuko : I'm good.　How about you?
John : Not bad.　Umm...　Do you want to see the soccer game tomorrow night?
Yuko : Saturday night?　That sound great, John, but I have to study.　I have a math test at nine o'clock on Sunday morning.　I'm so sorry.
John : That's OK. [3]
Yuko : It takes about two hours, so...
John : Wow!　That's a long test.　Do you want to meet after the test for an

early lunch?

Yuko : Oh, I'd love to, but I will practice playing tennis until 2:30. I'll be free after ①that. Let's meet then. ②[ア we / イ don't / ウ why / エ some coffee / オ have] and go to a movie at 4:00?

John : Good idea! ③I'll see you in (f　　) of the station around 3:00.

Yuko : All right. See you then.

(1) 会話の文として最も適当なものにするには，[1] と [3] に次のアからウのどれを入れたらよいか，そのかな符号を書きなさい。ただし，いずれも一度しか用いることができません。

ア When does it finish?　　イ Can I speak to Yuko, please?

ウ How's everything?

(2) 下線部①のthatが指している最も適当な内容を次のアからエまでの中から選んで，そのかな符号を書きなさい。

ア 映画鑑賞　　イ 数学の試験　　ウ テニスの練習　　エ サッカー観戦

(3) 下線部②が「コーヒーを飲みに行きませんか」という意味になるように，(　) 内のアからオまでの語（句）を正しい語順に並べ替え，２番目と４番目にくる語（句）のかな符号を書きなさい。（文頭の文字も小文字で書いてあります。）

(4) 下線部③の (　) に最も適当な語を入れて，英文を完成させなさい。ただし，(　) 内に文字が示されているので，その文字で始まる語を解答すること。

(5) 本文の内容に合う英文となるように，(　) のそれぞれにあてはまる最も適当な語または数字を書きなさい。

Yuko cannot go out on Saturday night because she has a (X)-minute test on Sunday morning. And after the test, she has to practice (Y) tennis until 2:30.

[3] 次の(1)から(5)までの日本語の意味に合うように，(　) 内の語を正しい順序に並べかえ，そのかな符号を書きなさい。（文頭の文字も小文字で書いてあります。）

(1) その本は料理を勉強している生徒のためのものです。

The books are (ア studying　イ for　ウ are　エ students　オ who) cooking.

(2) 富士山は日本でどんな山よりも高い。

Mt. Fuji is (ア other　イ any　ウ than　エ mountain　オ higher) in Japan.

(3) 私はこんなに素晴らしい景色を見たことがありません。

I (ア seen　イ such　ウ never　エ have　オ a) wonderful scenery.

(4) あなたにとって25m泳ぐのは簡単です。

(ア for　イ to　ウ it's　エ you　オ easy) swim twenty-five meters.

(5) 家に着いたらすぐに私に電話をしてください。

Please call me as (ア soon　イ get　ウ home　エ you　オ as).

4 アン（Ann）と大和（Yamato）が会話をしています。二人の会話が成り立つように，下線部①から③までのそれぞれの（ ）内に，最も適当な語を入れて，英文を完成させなさい。

Ann : Hi, Yamato. Are you excited about your birthday?

Yamato : Hmm... Not really. I'm not going to go anywhere. What are you going to do?

Ann : ①I'm going to Hokkaido and stay in Sapporo (　　) ten days.

Yamato : ②Have you (　　) to Hokkaido before?

Ann : No. This is my first time.

Yamato : What are you going to do there?

Ann : I'm going to watch Sapporo snow festival.

Yamato : A snow festival?

Ann : Yes, it's a winter event there. ③In 2007, there (　　) about two million people in Sapporo to see hundreds of snow statues and ice sculptures at the Odori Park and Susukino sites, in central Sapporo.

Yamato : That sounds exciting.

（注） million 100万　sculpture 彫刻　site 用地

ものであるということ。

オ　文学に束縛と自由がなければ、面白さが読者には通じないということ。

四　次の文章を読んで、あとの㈠から㈣までの問いに答えなさい。

今は昔、横川の源信僧都は大和国、葛下の郡の人なり。幼くして比叡の山にa上りて学問して、やむごとなき学生になりければ、三条の大后の宮の御八講に召されにけり。八講果てて後、賜はりける捧物の物どもを、少しb分かちて大和国にある母のもとに、「かくなむ后の宮の御八講にc参りて賜はりたる。初めたる物なれば、まづ見せ奉るなり」とてdやりたれければ、母の返り事にいはく、「おこせたまへる物どもは喜びて賜はりぬ。かくなむやむごとなき学生になりたまへるは、限りなく喜び申す。ただし、このやうの御八講に参りなどして歩きたまふは、法師になし聞こえし①本意にはあらず。そこには②めでたく思はるらめども、嫗の心には違ひにたり。嫗の思ひしことは、『女子はあまたあれども、男子はそこ一人なり。それを、元服もせしめずして、比叡の山に上せければ、学問して身の才よくありて、多武峰の聖人のやうに貴くて、嫗の後世をも救ひたまへ』と思ひしなり。それに、かく名僧にてはなやかに歩きたまはむは、本意に違ふことなり。『我、年老いぬ。生きたらむほどに聖人にしておはせむを心安く見置きて死なばや』と思ひしか」とe書きたり。

（『今昔物語』による）

㈠　傍線部aからeまでの中から、主語がほかと異なっているものを一つ選んで、その記号を書きなさい。

㈡　①本意にはあらず　の本意に込められた心情として、最も適当なものを、次のアからエまでの中から一つ選んで、そのかな符号を書きなさい。

ア　法師にならずに学生になってほしい気持ち。

イ　もっとたくさん贈り物をしてほしい気持ち。

ウ　尊い聖人にするという気持ち。

エ　母親を御八講に連れていくという気持ち。

㈢　②めでたく思はるらめども　とはどんなことを示すのか。次のアからエまでの中から一つ選んで、そのかな符号を書きなさい。

ア　母親にすばらしい贈り物を贈れたこと。

イ　御八講に呼ばれたこと。

ウ　比叡山に上れたこと。

エ　后の宮にすばらしい贈り物ができたこと。

㈣　母の嫗は息子である源信僧都に何を求めているのか。不適当なものを、次のアからウまでの中から一つ選んで、そのかな符号を書きなさい。

ア　源信が聖人になる姿を見て安心して死にたい。

イ　源信が母親の来世をも救うような聖人になってほしい。

ウ　源信はまだ学生なので、早く僧侶になってほしい。

ただ、ここで私のいいたかったのは、文学を作り出すには素質が必要だということ（他の領域で優れた仕事のできる人で、文学的才能の皆無な人があり、文学はたんに努力だけでは成功できぬものだということ）、文学の面白さはあたかも美人に対するように、論証を必要とせず直接的に、しかも何人にもとらえうるものであること、また、文学に面白さを求める読者側の心理は健康で自然な動きであり、また良い文学作品は常に面白さを持っているが、しかもその面白さは作者が外から附加し、塗り付けたものではなく、作品そのものの内にある面白さが、あたかも健康色のようにおのずと外に現れたものでなければならぬ、ということである。面白さをことさらねらった作品は、必ずその面白さをねらうという点に制約されて、一面的な「こしらえもの」となり、その不自然な媚態《びたい》は人の心を反撥《はんぱつ》させ真の面白さを感じさせない。なぜか文学者はもともと精神の束縛をもたぬ自由人でなければならない。ところがいつも読者を頭において、これに迎合しようとすることは、みずから真の文学者としての資格を放棄することであり、その作品が真の芸術作品となりにくいのは当然である。要するに、読者は面白さを求めるが、作者は読者を面白がらせようとしてはならないのである。③これは矛盾のようだが、真の文学者とは、そうした矛盾を背負わされた人間なのであり、文学者が悲劇的といわれる理由の一つもそこにある。 D 文学者の光栄もまたそこにあり、真の文学者があのように尊敬されるのは、彼がその誠実な創作の過程のうちに、よくこの矛盾を消しえたればこそである。

（桑原武夫『文学入門』による）

(一) A から D までのそれぞれにあてはまる最も適当なことばを、次のアからカまでの中から選んで、そのかな符号を書きなさい。

ア あるいは　イ こうして　ウ それでは
エ しかし　オ すると　カ いわば

(二) ①それからのこと の内容として、最も適当なものを、次のアからオまでの中から選んで、そのかな符号を書きなさい。

ア まず最初に面白いと考えられること。
イ 強制されて、文章を読まされること。
ウ 教養が十分に養われてから読まれること。
エ 思想や世界観が優れていると評価されて、面白いと思われること。
オ 面白いということと世界観が優れていることを、同時に評価されるということ。

(三) ②この原則 とは、いったい何を指すのか。本文中より五十字以内で抜き出し、最初の五字を書きなさい。

(四) 次の文「文学の面白さの奥には、面白さに包まれて、面白さを生み出すべき、より大きな意味があり、その意味が人生と分かちがたく結びついたものだからである。」は、文章中のどこに入るか。この文に続く部分の五字を抜き出しなさい。

(五) ③これ の内容として、最も適当なものを、次のアからオまでの中から選んで、そのかな符号を書きなさい。

ア 文学を作り出すには、素質が必要ということ。
イ 論証を必要とせずに、人々をとらえるということ。
ウ 文章に読者は面白さを求めるが、作者は面白がらせてはならないこと。
エ 作品そのものの中に面白さがあり、その面白さがこしらえられた

等の美術ないし音楽については、美しいとか、素晴らしいとか、さまざまにいうが、文学作品の場合はやはり多く《intéressant－面白い》という言葉をつかう。描写が優れているとか、世界観が新しいとか、思想が深刻だとか、そういうことをいうのは、①それからのことであって、文学ではまず面白い、面白くない、というのは、注目すべき点である。われわれはこの素朴な基本的事実を無視してはならない。ところで、こうした態度は間違っているのだろうか？　人間的な人生を生きる人間は、社会のために働くと同時に、自分の楽しみをもつ権利がある。その楽しみは文学のうちに見出そうとすること、つまり文学に面白さを求めようとすること、そうした要求自体は何ら不健全な問題ではなく、むしろ正当なものとして認めねばならない。（なお文学は、大都会以外に生活する人々にとっては、唯一の真性の芸術品だという事を知っておく必要がある。地方では展覧会、演劇、舞踊、音楽会等がほとんどなく、あっても調子を下ろしたものである。レコード、ラジオ、美術品の複製等はあるが、要するにもとのままではなく間接的である。文学作品のみが、地方でも都会と全く同じ形で、本物に接しうる。私がいま京都で読んでいる『アンナカレーニナ』は、東北の農村の人々が手にしているのと全く同じ文庫本なのである。ここに文学の大きな強みと同時に、その社会的責務の重大さがある。）要するに、人々は文学に面白さを求めており、文学はそれにこたえうる限り、人々から愛され、その存在理由を認められる、ということができる。そしていかに偉大なまたは深刻な文学も、②この原則を例外をなすものではない。

[A] 逆に文学はただ面白くありさえすれば、よいのか？　もしそうならば、一つの慰みものであって、一応の必要性を認められるが、非常の時などはゼイタク視され、また時の権力がこれを圧迫ないしあやつることも、やむを得ぬ所とせねばなるまい。戦争中、囲碁や将棋の手合わせが十分にできなかったこと、また芸能人が軍国主義的茶番をやったことを、誰も不思議とは思うまい。ところが戦中といえども、文学の禁圧は非難され、文学者の無節操な便乗は厳しく非難される。なぜか？　それは文学は面白いという点において囲碁、将棋、茶番などと似てはいるが、文学の面白さは人生そのものに緊密に結びついているからである。そして文学の面白さとは、その大きな意味と結びついており、いわばそこからおのずとしみ出るようなものであって、外から塗りつけることのできるものなのである。たとえをいってみれば、もともとの文学には人生の美人ともいうべき面があるが、文学の面白さとは、[B] 婦人の顔の美しさのようなものであろうか。美人という以上、美しくなくては問題外だがそこには生まれつきというものがある。その天成の美質にもいささかの化粧を必要とすることをいうまでもないが、醜い顔に厚化粧し、[C] 不健康な青白さの上にむやみに紅をさしたのは、決して美しいものではない。真の美しさは天成の美質を持つひとが、十分の栄養を取り、適当の運動をし、さらに知性をみがき、それがおのずと顔かたちに現れたというべきものだが、文学の面白さをもいわばそのようなものである。このたとえは、実は、アリストテレスが快楽についていった「健康な青年の肉体に添う青春」という名言から思いついた、説明の一手段だが、たとえというものは必然に一面的であって、たとえで議論を進める事はつねに危険である。たとえを捨てよう。

のアからエまでの中から選んで、そのかな符号を書きなさい。

ア　恥ずかしく思う

イ　息が詰まりそうになる

ウ　不快に思って顔をしかめる

エ　関わりのないよう無視する

(七)　③□□□□に当てはまる「本当か嘘かよくわからず、判断に迷うこと」という意味の四字熟語を漢字で書きなさい。

(八)　④泣きたいような気持ち　とあるが、その理由として最も適当なものを、次のアからエまでの中から一つ選んで、そのかな符号を書きなさい。

ア　多くの参列者に圧倒され、緊張のあまり完璧な挨拶ができなかったから。

イ　学校関係者から注目をあびた妹と、これから小学校生活を送ることに対する不安から。

ウ　入学式のおごそかな雰囲気の中で、自分よりも妹の方が目立ってしまったから。

エ　厳粛な入学式で妹が歌を歌った姿に動揺し、完璧な挨拶ができなかったから。

二　次の(一)、(二)の問いに答えなさい。

(一)　次の①から③の文中の傍線部について、漢字はその読みをひらがなで書き、カタカナは漢字で書きなさい。

①　人目を気にして、体裁を取り繕おうとする姿を情けなく思う。

②　豪雨による土砂崩れのため、迂回《うかい》するように促された。

③　製品開発が順調に進み、やっと工場経営はキドウに乗った。

(二)　次の④、⑤の文中の傍線部と同じ漢字を用いるものを、あとのアからエまでの中から一つ選んで、そのかな符号を書きなさい。

④　絵になる堂々としたガッショウ造りの集落。

ア　有名なケイショウ地を旅行する。

イ　実権をショウアクする。

ウ　最近の言葉の乱れにケイショウを鳴らす。

エ　事故のショウサイな報告を受ける。

⑤　私は、タンジュンな作業が得意だ。

ア　責任のある役割をタントウする。

イ　サイタン記録を更新する。

ウ　疑問に思ったことをタントウ直入に聞く。

エ　沖ノ鳥島は、日本の最ナンタンにある島だ。

三　次の文章を読んで、あとの(一)から(五)までの問いに答えなさい。

人々は何のために文学を読むのか？　修養、教養、美意識の向上、趣味の向上、等々のため、と答える人もあろうが、そしてそれは偽りではなく、文学はそうした役目をはたしはするが、大多数の人々は、文学が面白いからこそ、強制もされないのに進んで読むのである。人それぞれによって、何を面白いとするかは異なるかもしれないが、この事は否定できぬ事実だと思う。じっさい、ある一つの作品について人が発する評価の第一声はいつも、この小説は面白い、あるいは面白くない、という形をとる事は、われわれが日常経験によって確実に知っていることである。私はフランスでも観察していたが、フランス人たちも、絵画、彫刻

教員席に戻るとき、先生はちらりと僕を見た。あの子、あなたの妹よね？　と③□□□□で尋ねるような表情だった。

それからしばらくの間はまゆみは静かにしていたが、来賓祝辞がすべて終わり、祝電披露が始まると、また声が聞こえてきた。あの頃ヒットしていたフィンガー5の『恋のダイヤル6700』の「あなたが好き、死ぬほど好き、この愛受け止めてほしいよ」――いっとうお気に入りだったフレーズを、まゆみはシナをつくったしぐさと声色で口ずさんだ。

行儀良く座っていた新入生や在校生の肩がぐらぐら揺れた。みんな笑いをこらえて、なかには我慢できずにプッと噴き出してしまう子もいて、それでまた、みんなの肩が揺れてしまう。

『在校生からのあいさつ』の番になった。司会をつとめる教頭先生に「在校生代表、六年一組、大野幸司くん」と名前を呼ばれて、演壇《えんだん》に上った。返事も歩き方も、リハーサルのときよりずっとぎこちなかった。まゆみのせいだ。完璧に覚え込んでいたはずの原稿《げんこう》も、演壇から新入生の席を見て、まゆみと目が合って、やっほー、おにいちゃーん、と手を振られると、頭の中が真っ白になってしまった。言葉が出てこない。あいさつの前に来賓席に一礼するのも忘れた。しかたなく原稿用紙を広げようとしたら、指先がこわばってしまったせいで、三枚ある原稿用紙はばらばらに床に落ちてしまった。

さんざんだった。声がかすれ、震え、裏返って、早口になったと気づいても、テンポを途中で変えることすらできなかった。クラス担任の藤森先生や児童会の徳光先生は「よう読めとったよ」とあとで褒めてくれたが、自分で思い描いていた出来映えの半分にも満たなかったのは、僕自身が誰よりもわかっていた。

④泣きたいような気持ちであいさつを終え、新入生に向かっておじぎをすると、まゆみとまた目が合った。僕のあいさつの間は、まゆみは歌わなかった。じっと黙ってあいさつを聞いて、真っ先に、いちばん大きな拍手をしてくれた。

（重松清『まゆみのマーチ』による）

（注）○怪訝《けげん》そうに＝納得がいかない様子。

㈠（A）に当てはまる最も適当なことばを、次のアからオまでの中から一つ選んで、そのかな符号を書きなさい。

ア　虚しさ　イ　とまどい　ウ　悲しさ　エ　恐怖　オ　誇らしさ

㈡　両親にとって僕はどんな息子であったのか、（B）に当てはまる最も適当な言葉を、次の中から選んで、漢字に直して書きなさい。

ガマン　・　キボウ　・　ジマン　・　フショウ

㈢　入学式開始直後に歌い出したまゆみの姿を見た僕の心情として最も適当な一文を、本文中から抜き出して、最初の五字を書きなさい。

㈣　入学式でまゆみが歌った理由を、本文中から八字で抜き出して書きなさい。

㈤　①むっとした顔になった　とあるが、その理由として最も適当なものを、次のアからエまでの中から選んで、そのかな符号を書きなさい。

ア　まゆみの思いがけない歌声を聞き、腹を立てている様子。
イ　まゆみの思いがけない歌声を聞き、困り果てている様子。
ウ　まゆみの思いがけない歌声を聞き、いたたまれない様子。
エ　まゆみの思いがけない歌声を聞き、不思議そうな様子。

㈥　②眉をひそめる　とあるが、その意味として最も適当なものを、次

【国 語】（四〇分）〈満点：一〇〇点〉

一 次の文章を読んで、あとの㈠から㈧までの問いに答えなさい。

まゆみは小学校に入学した。

僕は六年生だった。児童会長として、新入生《しんにゅうせい》を迎えた。入学式のプログラムの終わり近くに用意されている『在校生からのあいさつ』を代表でつとめることになっていた。

講堂に折り畳み椅子《いす》を並べてつくった教師の席のいちばん端に、僕の席もあった。在校生の中で一人だけそこに座っていると、なんだか自分がうんと偉くなった気がして、緊張よりも（　A　）で胸がいっぱいになった。

一ヶ月前の卒業式でも、在校生からの送辞は僕が読んだ。送辞の内容も、読み方も、先生からとてもよかったと褒《ほ》められた。児童会の任期は五年生の十月から六年生の九月まで。入学式のあいさつは、児童会長の最後の大きな仕事だった。何度も何度も書き直して原稿を仕上げ、「みなさん、入学おめでとうございます」から「今日から僕たちといっしょに、勉強に、スポーツに、遊びに、明るくがんばっていきましょう」まで繰り返し練習を積んできた。

完璧《かんぺき》なあいさつになるはずだった。保護者席には、母と、会社を休んだ父も座っていた。家族のアイドルの入学と、（　B　）の息子の晴れ舞台。両親にとっても最高の一日になるはずだったのだ。

講堂に新入生が入場した。在校生の席に座る五年生と六年生が拍手で迎える。

声が聞こえた。女の子の歌声だった。拍手の音に負けまいとしているのか、ちょっと気取った入場行進が楽しくてしかたないのか、女の子は――まゆみは、元気いっぱいに歌っている。

僕は椅子に座ったまま、身を縮めた。顔から血の気がひいていく、というのが生まれて初めてわかった。

保護者席がざわめきはじめた。在校生の中には、腰を浮かせて歌の主を探す連中もいた。もっとも、そのときにはまだ、会場ぜんたいが苦笑いでまゆみの歌を受け容《い》れてくれていた。

式が始まった。おごそかな雰囲気に包み込まれて、まゆみの歌声も止《や》んだ。だが、何人もつづいた来賓《らいひん》祝辞の終わり頃になると、しんと静まっていた新入生の席から、また歌声が聞こえてきた。本気で歌っているのではなく、退屈を持て余してつい鼻歌が出てしまったという感じだったが、まわりが静かなぶん、声はびっくりするほどよく響いた。

演壇《えんだん》に立っていた教育長の顔が、最初は※怪訝《けげん》そうにこわばり、やがて見るからに①むっとした顔になった。保護者席は今度はざわめかない。無言で、非常識な新入生に②眉《まゆ》をひそめる。一年生はぜんぶで三クラス。百人以上の新入生の中で、歌っているのは、もちろんまゆみ一人きりだった。

祝辞と祝辞の間に、女の先生が困惑しながら新入生の席に向かった。僕が三年生と四年生のときのクラス担任だった早川先生――家庭訪問や保護者面談でいつも「幸司くんの将来が楽しみです」と言ってくれていた早川先生は、まゆみのクラス担任でもあった。

先生はまゆみに近づいて、小声でなにか言った。「はーい」と、まゆみの屈託のない返事に、保護者席や在校生席だけでなく、新入生の席からも忍び笑いが漏れる。

MEMO

大切なことはメモしておこうネ！

2019年度

解　答　と　解　説

《2019年度の配点は解答欄に掲載してあります。》

＜数学解答＞ 《学校からの正答の発表はありません。》

1　(1)　8　(2)　$\dfrac{4x+1}{6}$　(3)　$16\sqrt{5}$　(4)　$2y(x+1)(x-3)$　(5)　$x=1\pm\sqrt{3}$

(6)　4　(7)　ア，イ，ウ　(8)　$a=4,\ 5,\ 6,\ 7$　(9)　$\angle x=107°$

2　(1)　$\dfrac{3}{10}$　(2)　ア　AE　イ　DAC　ウ　2辺とその間の角　(3)　$\left(\dfrac{8}{5},\ \dfrac{22}{5}\right)$

(4)　①　時速3km　②　70分後

3　(1)　$\angle ABC=61°$　(2)　①　1：2　②　$39cm^2$　(3)　①　3cm　②　$140cm^3$

○推定配点○

1　各5点×9　2　各5点×5　3　各6点×5　計100点

＜数学解説＞

基本　1　(数・式の計算，平方根，因数分解，2次方程式，整数の範囲，角度)

(1)　$3\times(-2)^2+(-12)\div3=12-4=8$

(2)　$\dfrac{2x-1}{2}-\dfrac{x-2}{3}=\dfrac{3(2x-1)-2(x-2)}{6}=\dfrac{6x-3-2x+4}{6}=\dfrac{4x+1}{6}$

(3)　$8\sqrt{5}-\dfrac{10}{\sqrt{5}}+2\sqrt{125}=8\sqrt{5}-\dfrac{10\sqrt{5}}{5}+2\times5\sqrt{5}=8\sqrt{5}-2\sqrt{5}+10\sqrt{5}=16\sqrt{5}$

(4)　$2x^2y-4xy-6y=2y(x^2-2x-3)=2y(x+1)(x-3)$

(5)　$x^2+2=2x(x-1)$　$x^2+2=2x^2-2x$　$x^2-2x-2=0$　2次方程式の解の公式から，$x=\dfrac{2\pm\sqrt{2^2-4\times1\times(-2)}}{2\times1}=\dfrac{2\pm\sqrt{12}}{2}=\dfrac{2\pm2\sqrt{3}}{2}=1\pm\sqrt{3}$

(6)　$2\sqrt{5}=\sqrt{20}$　$\sqrt{16}<\sqrt{20}<\sqrt{25}$から，$4<\sqrt{20}<5$　よって，$x=2\sqrt{5}-4$　$x^2+8x=x(x+8)=(2\sqrt{5}-4)(2\sqrt{5}-4+8)=(2\sqrt{5}-4)(2\sqrt{5}+4)=(2\sqrt{5})^2-4^2=20-16=4$

(7)　(整数)÷(整数)は常に整数になるとは限らない。例　3÷2＝1.5　加法，減法，乗法に関しては，整数の集合でいつでもできる。

(8)　$\sqrt{25}<\sqrt{29}<\sqrt{36}$から，$5<\sqrt{29}<6$　よって，$\sqrt{29}=5.\cdots$　$a-2<\sqrt{29}<a+2$から，$a<\sqrt{29}+2<a+4$　$a<7.\cdots<a+4$　この不等式が成り立つ自然数aは，$a=4,\ 5,\ 6,\ 7$

(9)　三角形の内角と外角の関係から，$\angle x=77°+(68°-38°)=77°+30°=107°$

2　(確率，三角形の合同の証明，図形と関数・グラフの融合問題，速さに関する文章問題)

(1)　5枚のカードから2枚のカードの取り出し方は全部で，$\dfrac{5\times4}{2}=10$(通り)　そのうち，2枚のカードに書かれている数字の和が3の倍数になる場合は，(2，7)，(5，7)，(7，8)の3通り　よって，求める確率は，$\dfrac{3}{10}$

(2)　△ABDと△ACEについて，AB＝AC…①　AD＝AE…②　∠BAC＝60°－∠DAC，∠CAE＝60°－∠DACより，∠BAD＝∠CAE…③　①，②，③より，2組の辺とその間の角がそれぞれ等

しいから，△ABD≡△ACE

(3)　A(a, $2a+10$)，D(d, $-d+6$)とおく。AB=DCから，$2a+10=-d+6$　$2a+d=-4$…①
AD=DCから，$d-a=-d+6$　$a-2d=-6$…②　①−②×2から，$5d=8$　$d=\frac{8}{5}$
$-\frac{8}{5}+6=-\frac{8}{5}+\frac{30}{5}=\frac{22}{5}$　よって，点Dの座標は，$\left(\frac{8}{5},\ \frac{22}{5}\right)$

(4)　①　30分後弟がいる位置は，$2\times\frac{1}{2}=1$から家から1km先　30−20=10から，弟が店に立ち寄っているのは，兄が出発してから，10分後から，20分後　$1\div\frac{20}{60}=1\div\frac{1}{3}=3$から，求める時速は，3km

②　弟が家を出発してから40分後は，店を出て駅に向かうところだから，$(8-1)\div(2+4)=7\div6=\frac{7}{6}$　$\frac{7}{6}\times60=70$から，姉と弟が出会うのは，姉が駅を出発してから70分後

3　**(角度，平面図形の計量問題，空間図形の計量問題)**

(1)　∠ABC=xとする。△BECにおいて内角と外角の関係から，∠DCF=$26°+x$　円に内接する四角形の定理から，∠CDF=x　△CDFの内角の和の関係から，$26°+x+x+32°=180°$　$2x=180°-58°=122°$　$x=122°\div2=61°$

重要　(2)　①　BF：FC=1：5　BE：EC=1：1=3：3　AG：GD=1：2=2：4　EF：GD=(3−1)：4=2：4=1：2

②　$\triangle CDF=\frac{5}{6}\triangle CDB=\frac{5}{6}\times\frac{1}{2}\times108=45$　FH：HD=EF：GD=1：2，FC：FE=5：(3−1)=5：2から，$\triangle EHF=\frac{1}{3}\triangle EDF=\frac{1}{3}\times\frac{2}{5}\triangle CDF=\frac{2}{15}\times45=6$　よって，(四角形CDHE)=△CDF−△EHF=45−6=39(cm^2)

重要　(3)　①　$EP=10\times\frac{1}{5}=2$，$HS=10\times\frac{1}{2}=5$，$GR=10\times\frac{3}{5}=6$　FQ+HS=EP+GRから，FQ+5=2+6　FQ=8−5=3(cm)

②　$5\times7\times\frac{2+3+6+5}{4}=35\times4=140$(cm^3)

★ワンポイントアドバイス★

3 (2)は，1+5=6，1+1=2，1+2=3から，ADとBCを6と2と3の最小公倍数6として考える。

＜英語解答＞《学校からの正答の発表はありません。》

1　(1)　A　do　B　best　(2)　C　living　D　invited
(3)　オ・エ・ア・イ・キ・カ・ウ　(4)　エ　(5)　ウ
(6)　1　×　2　○　3　×　4　×

2　(1)　1　イ　3　ア　(2)　ウ　(3)　2番目　イ　4番目　オ　(4)　front
(5)　X　120　Y　playing

3　(1)　イ・エ・オ・ウ・ア　(2)　オ・ウ・イ・ア・エ　(3)　エ・ウ・ア・イ・オ

(4) ウ・オ・ア・エ・イ　(5) ア・オ・エ・イ・ウ

[4] ① for　② been　③ were

○推定配点○

[1] (1) 各3点×2　他 各4点×9　[2] (1)～(4) 各4点×5　(5) 各3点×2

[3] 各4点×5　[4] 各4点×3　計100点

＜英語解説＞

[1] (長文読解・伝記：語句補充，語彙，語句整序，内容吟味，指示語)

(全訳) あなたは今まであなたの家のトイレを掃除したことがあるか。トイレはたいてい汚れているので，掃除をしたくないという人もいる。しかし，公園や学校のような公的な場所のトイレを掃除するボランティアがいる。これらの人々の中には，彼の会社のためにトイレを掃除し始めた男性がいる。彼はその会社の社長だ。

約50年前，その男性は彼の会社のためにトイレを掃除し始めた。彼は彼の会社の全ての労働者に彼らの仕事に$_{AB}$最善を尽くしてほしかった。しかし，労働者の何人かは疲れて幸せだと思わなかったので，彼らのマナーは悪かった。最初はその男性は彼らに何を言うべきかわからなかった。その会社の建物の中の事務所とトイレがとても汚いと彼は知っていた。それから彼は「もし労働者がきれいな事務所で働くことができれば，幸せだと思うだろう」と考えた。それで，この考えから，彼は会社の建物の中の全てのトイレを掃除し始めた。労働者の何人かは驚いて言った。「私たちの社長はなぜそんなことをしているんだ。彼は社長としての彼の仕事をするべきだ」しかし，彼はそれでも毎日それらを掃除した。

数週間後，何人かの労働者が彼の考えを理解し始めた。彼らは朝早く来て，彼が会社の建物の全てのトイレを掃除するのを手伝い始めた。間もなく，より多くの労働者が彼を手伝い始めた。最後には，労働者の全員が一緒にトイレを掃除した。

それから，男性はボランティア活動として彼の会社の近くの公的な場所のトイレを掃除し始め，彼の会社の近くに$_{C}$住んでいる人々が彼に加わった。彼のボランティア活動は彼をとても有名にした。

ある日，その男性と彼のボランティアグループのメンバーは中学校に$_{D}$招待された。そこのトイレの多くは汚れていると彼らにはわかった。それらのいくつかは壊されていた。先生たちは彼らの学校を全ての生徒にとって楽しい場所にとてもしたかった。トイレを掃除することは彼らの学校を楽しい場所にするために重要だ，と男性は先生たちに言った。$_{①}$そのグループは先生と生徒たちにトイレをきれいにする方法を教えた。先生と生徒の両方が一緒に一生懸命に努力した。1年後，その学校はとてもきれいになり，生徒は幸せに感じた。彼らはお互いに親切になった。どのトイレも二度と壊されなかった。

なぜ人々はトイレを掃除するだけで変わるのか。男性は「きれいな場所にいると，人は幸せな気分になります。一緒に働くことは大切だと学ぶことができるので，トイレを掃除することは人を優しくしえます。始めたことを終らせるためにはエネルギーが必要なので，$_{②}$それは人を強くもしえます。それで，私たちは他の人々や自分自身のためにもトイレを掃除するべきなのです」と言う。

基本 (1) do one's best「最善を尽くす」

(2) (C) the people を「彼の会社の近くに住んでいる」が修飾する，分詞を使った文。the people は「住んでいる」と能動の関係を持つので現在分詞 living を用いるのが適切。

(D) 直前にbe動詞があり「～される」の意味になるので〈be動詞＋動詞の過去分詞〉の受動態に

するのが適切。invite の過去分詞は invited である。

(3) (And) the group taught the teachers and the students how to clean the toilets(.)
taught は teach の過去形。teach は〈teach ＋人＋～〉という文型を作り，「主語が人に～を教える」という意味になる。ここでは「～」にあたる部分が〈how to ＋動詞の原形～〉になっている。

(4) ア 最終段落第2文参照。 イ 最終段落第3文参照。 ウ 最終段落第4文参照。 エ 出世についての記述はない。

(5) It は直前の文の主語 Cleaning toilets を代名詞で言い換えている。

(6) 1 「社長はトイレを掃除することが好きなので，彼の会社のトイレを掃除する」(×) 掃除が好き，という記述はない。 2 「社長は彼の会社だけでなく，彼の会社の近くの公共の場所でもトイレを掃除する」(○) 第4段落第1文参照。 3 「社長と彼のボランティアグループのメンバーが中学校へ行ったとき，学校の全てのトイレはきれいだった」(×) 第5段落第1文・第2文参照。多くは汚れていたのである。 4 「私たちは私たちだけのためにトイレを掃除するべきだ」(×) 最終段落最終文参照。他の人と私たちのために掃除するのである。

2 **(会話文：語句補充，指示語，語句整序，語彙，要旨把握)**

(全訳) ジョン：もしもし，ジョンです。1優子はいますか。

優子 ：はい，私よ。

ジョン：やあ，優子。2どうだい。

優子 ：うまくやっているわ。あなたはどう。

ジョン：悪くないよ。ええと…君は明日の夜サッカーの試合を見たいかい。

優子 ：土曜日の夜ね。良さそうだけれど，ジョン，私は勉強しなくてはならないの。私は日曜日の朝9時に数学のテストがあるの。ごめんなさい。

ジョン：構わないよ。それはいつ終わるんだい。

優子 ：約2時間かかるから…。

ジョン：うわあ。それは長いテストだね。早い昼食に，テストの後に会いたいかい。

優子 ：あら，とてもそうしたいけれど，私は2時30分までテニスをする練習をする予定なのよ。①その後は空く予定よ。それから会おう。コーヒーを飲んで，4時に映画に行くのはどう。

ジョン：良い考えだね。③3時頃に駅の前で会おう。

優子 ：わかった。その時会おう。

(1) 全訳参照。

(2) that は先行する文(の一部)の内容を指している。ここでは直前の1文の後半部の内容である。

(3) Why don't we have some coffee (and go to a movie at 4:00?) Why don't we ～? で「～したらどうですか」の意味。提案者が自分を含めて言う場合は you ではなく we を使う。

(4) in front of ～「～の前で」

(5) 「優子は日曜日の朝にX120分のテストがあるので，土曜日の夜に外出することができない。そして，テストの後，2時30分までテニスYをする練習をしなければならない」(X) 優子の4番目の発言参照。「2時間」は120分である。 (Y) 優子の5番目の発言第1文参照。practice —ing「～する練習をする」

3 **(語句整序：関係代名詞，比較，現在完了，不定詞，接続詞)**

やや難 (1) (The books are) for students who are studying (cooking.) 関係代名詞 who を用いて the books are for students と they are studying cooking をつなげた文を作る。they が who に代わる。

(2) (Mt. Fuji is) higher than any other mountain (in Japan.) 〈比較級＋ than ＋ any other

＋名詞の単数形〉の形で「他のどの～よりも…」の意味になる。

重要 (3) (I) have never seen such a (wonderful scenery.) never「1度も～ない」は〈have [has] ＋動詞の過去分詞形〉の形をとる現在完了の経験用法で動詞の直前に置いて使われる。such と冠詞(a・an・the)を共に用いるときは〈such ＋冠詞(＋形容詞)＋名詞〉の順になる。

(4) It's easy for you to (swim twenty-five meters.) 〈It is ～ for A to ….〉で「Aにとって[Aが]…するのは～だ」という意味。

(5) (Please call me as) soon as you get home(.) 〈主語A＋動詞A＋ as soon as ＋主語C＋動詞D〉で「CがDしてすぐにAがBする」の意味。ここでは命令文なので主語Aがない。

4 (会話文：語句補充)

(全訳) アン：あら，大和。あなたはあなたの誕生日にわくわくしている。

大和：ううん…そうでもないんだ。僕はどこにも行く予定がない。君は何をするつもりだい。

アン：①私は北海道へ行って，10日間札幌に滞在する予定よ。

大和：②君は以前に北海道へ行ったことがあるかい。

アン：いいえ。これが初めてよ。

大和：君はそこで何をするつもりだい。

アン：私はさっぽろ雪まつりを見に行くの。

大和：雪まつり。

アン：そうよ。それはそこの雪の催しなの。③2007年には，約200万人の人々が札幌の中心の大通公園やすすきの用地で数百の雪像や氷の彫刻を見るために札幌にいたの。

大和：それはわくわくしそうだね。

基本 ① 〈for ＋期間〉「～の間」

② 一般に「行く」を表すのは go(過去分詞形は gone)だが，〈have [has]＋動詞の過去分詞の形をとる現在完了では，経験を表す「～へ行ったことがある」の意味には have [has] been to ～ を使う。

③ 主語が不特定なもので「…が～にある」という意味を表す場合，〈There ＋be動詞＋数量[a／an]＋名詞～〉の形にする。主語は名詞なのでbe動詞は続く名詞と時制で決まる。文の時制は過去で主語の about two million people は複数形の名詞だからbe動詞は were を使う。

★ワンポイントアドバイス★

現在完了・不定詞・受動態など，動詞の語形変化を伴う単元はしっかりと復習しておくことが大切だ。複数の問題集を使うなどして，確実に身につけよう。

＜国語解答＞ 《学校からの正答の発表はありません。》

一 (一) オ (二) 自慢 (三) 顔から血の (四) 退屈を持て余して (五) ア
(六) ウ (七) 半信半疑 (八) エ

二 (一) ① ていさい ② うなが ③ 軌道 (二) ④ イ ⑤ ウ

三 (一) A ウ B カ C ア D エ (二) ア (三) 人々は文学
(四) そして文学 (五) ウ

四 (一) e (二) ウ (三) イ (四) ウ

○推定配点○
一 (三)・(四)・(八) 各5点×3 他 各4点×5 二 各2点×5
三 (一) 各4点×4 他 各5点×4 四 (一) 4点 他 各5点×3 計100点

<国語解説>

一 (小説－情景・心情，内容吟味，脱語補充，漢字の書き取り，四字熟語，慣用句)

基本 (一) Aは直前に「自分がうんと偉くなった気がして」とあるのでオが適当。

(二) Bは，児童会長として入学式のあいさつをする「息子」(＝「僕」)のことなので「自慢」が適当。

重要 (三) 「声が聞こえた。」から続く2段落で，新入生として入場してきたまゆみが元気いっぱいに歌っていることに対して「僕」が「顔から血の気がひいていく，というのが生まれて初めてわかった。」という心情になっていることが描かれているので，この一文の最初の五字を抜き出す。「血の気が引く」は驚きや恐怖などで顔が青ざめること。

重要 (四) 「式が始まった。」で始まる段落で，まゆみは「退屈を持て余して(8字)」つい鼻歌が出てしまったという感じだったことが描かれているので，まゆみが入学式に歌った理由としてこの部分を抜き出す。

(五) ①は怒りでこわばっている表情なのでアが適当。

(六) ②は他人の嫌な行為に不快を感じて顔をしかめることなのでウが適当。

(七) ③は「半信半疑(はんしんはんぎ)」が当てはまる。

やや難 (八) ④前で，担任の先生に注意されても再びまゆみが歌い出す中，「僕」は『在校生のあいさつ』のために演壇に上ったが，「まゆみのせい」で頭の中が真っ白になって自分が思い描いていた出来映えの半分にも満たなかったと自覚していることが描かれているので，エが適当。妹のまゆみが原因で完璧な挨拶ができなかったことを説明していない他の選択肢は不適当。

二 (漢字の読み書き)

重要 (一) ①は「体」の読み方に注意。②の音読みは「ソク」。熟語は「促進」など。③は物事が順調に進むこと。

やや難 (二) ④「合掌」，ア「景勝」イ「掌握」ウ「警鐘」エ「詳細」。⑤「単純」，ア「担当」イ「最短」ウ「単刀」エ「南端」。

三 (論説文－内容吟味，文脈把握，指示語，接続語，脱文・脱語補充)

(一) Aは直前の内容を踏まえて問題提起をしているのでウ，Bはたとえて言うならという意味でカ，Cは前後で同類のことを提示しているのでア，Dは直前の内容とは相反する内容が続いているのでエ，がそれぞれ適当。

基本 (二) ①は，文学ではまず面白いということがあって，その後に描写や世界観などがすぐれていると評価するということなのでアが適当。①直後の「まず面白い」を説明していない他の選択肢は不適当。

(三) ②は直前の「人々は文学に面白さを求めており，文学はそれにこたえうる限り，人々から愛され，その存在理由を認められる(50字)」ということを指しているので，この部分の最初の五字を抜き出す。

やや難 (四) 設問の一文は文学の面白さの奥にある大きな意味について説明しているので，[A]で始まる段落の，文学の禁圧や文学者の無節操な便乗が非難されるのは，文学の面白さは人生そのものに緊密に結びついているからである→設問の一文…一文の「大きな意味」を踏まえて，そして文学の面白さとはその大きな意味と結びついている，という流れになるので「そして文学」を抜き出す。

重要 （五） ③は直前の，読者は作品に面白さを求めるが，作者は読者を面白がらせようとしてはならない，ということを指しているのでウが適当。③直前の内容を説明していない他の選択肢は不適当。

四 （古文－情景・心情，内容吟味，文脈把握）

〈口語訳〉 今となっては昔のことだが，横川の源信僧都は大和の国，葛下の郡の人である。幼くして比叡山にのぼって学問をして，立派な学僧となったので，三条の大后の宮の御八講に呼ばれた。八講が終わった後で，頂いた献上品を，少し分けておいて，大和の国にいる母のもとに，「これは大后の宮様の御八講に参って頂いたものです。初めての品物ですので，まずお見せ申し上げます」と送ったところ，母の返事に言うには，「お送りいただいた品は喜んで頂きました。このような立派な学僧になられたことは，この上なくお喜び申しあげます。ただし，このような御八講に参上などしてあちらこちらお行きなさるのは，法師にならせ申しあげた私の本来の望みではありません。あなたはすばらしくお思いになられているでしょうけれども，この嫗の気持ちとは違っています。嫗が思っていたことは，『女の子はたくさんいるが，男の子はあなた一人です。それを，成人の儀式も行わせないで，比叡山にのぼらせたのであるから，学問をして才知をつけて，多武の峰の聖人のように尊くなって，嫗の後生をも救ってください』と思っていたのです。それなのに，このように高名な僧となって華やかにあちこちと歩き回ってらっしゃるのは，私の本来の望みに反したことです。『私は，年老いました。生きている間に(あなたが)聖人でいらっしゃる様子を安心して見届けてから死にたいものです』と思っていたのです」と書いてあった。

基本 （一） eのみ「母」，他は源信僧都。

（二） 『女子は』で始まる部分で母親が書いているように，多武の峰の聖人のように尊くなって，嫗の後生をも救ってください，というのが母の「本意」なのでウが適当。この部分を踏まえた説明をしていない他の選択肢は不適当。

やや難 （三） ②前に「御八講に参上などしてあちらこちらお行きなさるのは，法師にならせ申しあげた私の本来の望みではありません」とあり，このことを「そこ(＝源信僧都)には」②のようにお思いになられているでしょうけれども，と母親は書いているのでイが適当。「御八講」に行ったことについて説明していない他の選択肢は不適当。

重要 （四） 「不適当なもの」を選ぶことに注意。母親の手紙には「多武の峰の聖人のように尊くなって，嫗の後生をも救ってください」「(あなたが)聖人でいらっしゃる様子を安心して見届けてから死にたいものです」ということが書かれてあるが，ウは書かれていないので不適当。

★ワンポイントアドバイス★

小説では，主人公などの登場人物の心情の変化が，何をきっかけとしているか，変化の根拠もしっかり確認していこう。

MEMO

大切なことはメモしておこうネ！

解答用紙集

○月×日　△曜日　天気（合格日和）

◆ご利用のみなさまへ

＊解答用紙の公表を行っていない学校につきましては、弊社の責任において、解答用紙を制作いたしました。

＊編集上の理由により一部縮小掲載した解答用紙がございます。

＊編集上の理由により一部実物と異なる形式の解答用紙がございます。

人間の最も偉大な力とは、その一番の弱点を克服したところから生まれてくるものである。——カール・ヒルティ——

※データのダウンロードは 2024 年 3 月末日まで。

東京学参株式会社

※ 104％に拡大していただくと，解答欄は実物大になります。

1	(1)		(2)	
	(3)		(4)	
	(5)	$x =$	(6)	個
	(7)		(8)	度
	(9)			

2	(1)				m
	(2)	①			
		②			
		③			
	(3)	①		②	

3	(1)	1	
		2	
		3	
		4	
		5	
	(2)	cm	
	(3)	体積　　cm^3	表面積　　cm^2

誠信高等学校　2023年度　◇英語◇

※解答欄は実物大になります。

1	(1)						
	(2)	A			B		
	(3)						
	(4)						
	(5)						
	(6)	1	2		3	4	

2	(1)	【a】	【b】	【c】	【d】
	(2)				
	(3)				
	(4)	X		Y	

3	(1)					
	(2)					
	(3)					
	(4)					
	(5)					

4	(1)			
	(2)			
	(3)	1	2	3

◇国語◇

誠信高等学校　２０２３年度

※１１６%に拡大していただくと、解答欄は実物大になります。

一		
㈠		
㈡	ア	イ
㈢		
㈣	B	C	D
㈤		
㈥		

二		
㈠	A	B	C
㈡		
㈢	であること。	
㈣		
㈤		
㈥		
㈦		
㈧		

三	
㈠	
㈡	
㈢	
㈣	

四		
㈠	①	②
㈡	③	④

誠信高等学校　2022年度

◇数学◇

※解答欄は実物大になります。

1	(1)		(2)	
	(3)		(4)	
	(5)		(6)	$x =$
	(7)	$a =$ 　　　, $b =$	(8)	
	(9)	$n =$		

2	(1)				
	(2)	ア		イ	
		ウ			
	(3)	清涼飲料水　　　　本，ジュース　　　　本			

3	(1)			(2)	度
	(3)	度			
	(4)	①		②	

誠信高等学校　2022年度

◇英語◇

※解答欄は実物大になります。

1	(1)	A			B		
	(2)						
	(3)						
	(4)						
	(5)						
	(6)	1	2		3	4	

2	(1)			
	(2)			
	(3)	2番目	4番目	
	(4)	X		Y

3	(1)					
	(2)					
	(3)					
	(4)					
	(5)					

4	(1)			
	(2)	2番目	4番目	
	(3)	1	2	3

◇国語◇

誠信高等学校　２０２２年度

※１２２％に拡大していただくと、解答欄は実物大になります。

一	
(一)	
(二)	
(三)	
(四)	
(五)	
(六)	
(七)	
(八)	
(九)	

二	
(一)	～
(二)	
(三)	
(四)	
(五)	

三	
(一)	
(二)	
(三)	
(四)	
(五)	
(六)	

四				
(一)	①		②	
(二)	③		④	

誠信高等学校　2021年度

◇数学◇

※解答欄は実物大になります。

1	(1)		(2)	$x=$
	(3)		(4)	
	(5)	$x=$	(6)	
	(7)	と	(8)	個
	(9)	度		

2	(1)	①		②			
	(2)	①		②		③	
	(3)	%					

3	(1)	①		②	(　　,　　)
	(2)				
	(3)	度			
	(4)	①			
		②			
		③			
		④			

誠信高等学校　2021年度　　◇英語◇

※解答欄は実物大になります。

1	(1)						
	(2)						
	(3)	A		B			
	(4)						
	(5)						
	(6)	1	2	3	4		

2	(1)	1	3
	(2)	2番目	4番目
	(3)		
	(4)	X	Y

3	(1)					
	(2)					
	(3)					
	(4)					
	(5)					

4	(1)	①	②
	(2)	1	2

誠信高等学校　2021年度

※125%に拡大していただくと、解答欄は実物大になります。

◇国語◇

一	
(一)	
(二)	
(三)	
(四)	
(五)	
(六)	
(七)	
(八)	

二	
(一)	
(二)	
(三)	ないから
(四)	
(五)	
(六)	A　　B

三	
(一)	
(二)	
(三)	
(四)	
(五)	
(六)	

四				
(一)	①		②	
(二)	③		④	

誠信高等学校　2020年度

◇数学◇

※解答欄は実物大になります。

1	(1)		(2)	
	(3)		(4)	
	(5)	$x =$ 　　　， $y =$	(6)	
	(7)	$n =$	(8)	$x =$
	(9)	$\angle x =$		

2	(1)						
	(2)	ア		イ		ウ	
	(3)	①					
		②	点P（　　　，　　　）				
	(4)						

3	(1)	$\angle \mathrm{DEC} =$			
	(2)	①	：	②	倍
	(3)	①	cm^3	②	cm^2

誠信高等学校　2020年度　　◇英語◇

※103％に拡大していただくと，解答欄は実物大になります。

1	(1)						
	(2)						
	(3)	A			B		
	(4)						
	(5)						
	(6)	1	2	3	4		

2	(1)	1	3
	(2)	2番目	4番目
	(3)		
	(4)		
	(5)	X	Y

3	(1)					
	(2)					
	(3)					
	(4)					
	(5)					

4	①	②	③

◇国語◇

誠信高等学校　２０２０年度

※１３５％に拡大していただくと、解答欄は実物大になります。

一

㈠	A		B						
㈡									
㈢									
㈣									
㈤									
㈥									
㈦									

二

㈠	①		②	
㈡	③		④	

三

㈠	A		B		C	
㈡						
㈢						
㈣						
㈤						
㈥						

四

㈠						
㈡						
㈢						
㈣						
㈤						

誠信高等学校　2019年度

◇数学◇

※この解答用紙は，実物大になります。

1	(1)		(2)	
	(3)		(4)	
	(5)	$x =$	(6)	
	(7)		(8)	$a =$
	(9)	$\angle x =$		

2	(1)						
	(2)	ア		イ		ウ	
	(3)						
	(4)	①	時速　km				
		②	分後				

3	(1)	$\angle \mathrm{ABC} =$			
	(2)	①	：	②	cm^2
	(3)	①	cm	②	cm^3

誠信高等学校　2019年度　◇英語◇

※この解答用紙は，実物大になります。

1	(1)	A			B		
	(2)	C			D		
	(3)						
	(4)						
	(5)						
	(6)	1	2	3	4		

2	(1)	1	3
	(2)		
	(3)	2番目	4番目
	(4)		
	(5)	X	Y

3	(1)					
	(2)					
	(3)					
	(4)					
	(5)					

4	①	②	③

誠信高等学校　2019年度

※この解答用紙は119%に拡大していただくと、実物大になります。

◇国語◇

一

(一)	A	
(二)	B	
(三)		
(四)		
(五)		
(六)		
(七)		
(八)		

二

(一)	①		②		③	
(二)	④		⑤			

三

(一)	A		B		C		D	
(二)								
(三)								
(四)								
(五)								

四

(一)	
(二)	
(三)	
(四)	

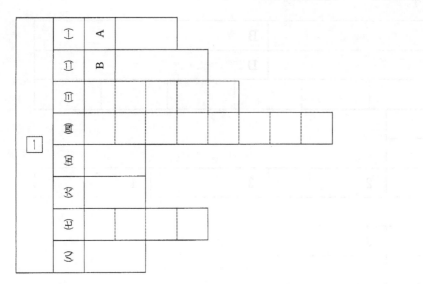

〈リスニング問題の音声について〉

本問題集掲載のリスニング問題の音声は、弊社ホームページでデータ配信しております。

現在お聞きいただけるのは「2024年度受験用」に対応した音声で、2024年3月末日までダウンロード可能です。弊社ホームページにアクセスの上、ご利用ください。

※本問題集を中古品として購入された場合など、配信期間の終了によりお聞きいただけない年度がございますのでご了承ください。

高校別入試過去問題シリーズ

誠信高等学校　2024年度

ISBN978-4-8141-2659-0

発行所　東京学参株式会社
〒153-0043　東京都目黒区東山2-6-4
URL　https://www.gakusan.co.jp

編集部　E-mail　hensyu@gakusan.co.jp
※本書の編集責任はすべて弊社にあります。内容に関するお問い合わせ等は、編集部まで、メールにてお願い致します。なお、回答にはしばらくお時間をいただく場合がございます。何卒ご了承くださいませ。

営業部　TEL　03 (3794) 3154
FAX　03 (3794) 3164
E-mail　shoten@gakusan.co.jp
※ご注文・出版予定のお問い合わせ等は営業部までお願い致します。

2023年9月28日　初版